官方授权版本

世界海关组织
跨境电子商务标准框架及释义

WORLD CUSTOMS ORGANIZATION CROSS BORDER E-COMMERCE FRAMEWORK OF STANDARDS AND THE INTERPRETATION BY CHINESE EXPERTS

"海关眼"系列编委会◎编译

中国海关出版社有限公司
·北京·

图书在版编目（CIP）数据

世界海关组织跨境电子商务标准框架及释义／"海关眼"系列编委会编译．—北京：中国海关出版社有限公司，2019.12
ISBN 978-7-5175-0377-4

Ⅰ.①世… Ⅱ.①海… Ⅲ.①电子商务－海关管理－标准－世界 Ⅳ.①F713.365－65②F745.2－65

中国版本图书馆 CIP 数据核字（2019）第 189413 号

ⓒ 2019 World Customs Organization (WCO), all rights reserved.
Original extracts and/or the full version of this publication from the WCO were/was originally produced in English and French and then translated into Chinese by CHINA CUSTOMS PRESS with the authorization of the WCO. The WCO is the exclusive holder of all intellectual property rights on this publication and translation in Chinese thereof. Please note that the quality of the translation of this publication into Chinese and the consistency of the translation with the official English/French text is the exclusive responsibility of CHINA CUSTOMS PRESS. Any analyses and comments made by the Chinese Customs Press, whether or not associated with all or part of the original version, do not represent the opinion of the WCO and are the sole responsibility of the Chinese Customs Press.

本书由世界海关组织授权中国海关出版社有限公司出版。

世界海关组织跨境电子商务标准框架及释义
SHIJIE HAIGUAN ZUZHI KUAJING DIANZI SHANGWU BIAOZHUN KUANGJIA JI SHIYI

作　　者："海关眼"系列编委会　编译	
策划编辑：史　娜	
责任编辑：夏淑婷　刘白雪	
出版发行：中国海关出版社有限公司	
社　　址：北京市朝阳区东四环南路甲1号	邮政编码：100023
网　　址：www.hgcbs.com.cn	
编 辑 部：01065194242－7539（电话）	01065194231（传真）
发 行 部：01065194221/4227/4238/4246（电话）	01065194233（传真）
社办书店：01065195616（电话）	01065195127（传真）
http://www.customskb.com（网址）	
印　　刷：北京鑫益晖印刷有限公司	经　　销：新华书店
开　　本：710mm×1000mm　1/16	
印　　张：16	字　　数：180千字
版　　次：2019年12月第1版	
印　　次：2019年12月第1次印刷	
书　　号：ISBN 978-7-5175-0377-4	
定　　价：98.00元	

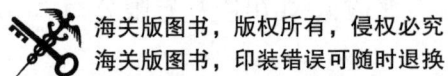

海关版图书，版权所有，侵权必究
海关版图书，印装错误可随时退换

编委会

审校组 王　炜　党晓红　徐　君
　　　　　白晓东　孙向阳
翻译组 袁　伟　孙向磊　郑琳琳　陈　诺
　　　　　袁　冰　江舒文　王　彦
编写组 高文博　刘笑远

序言

近年来，跨境电子商务成为经济增长的新动能、对外贸易的新模式和消费的新趋势，在创造就业新机会的同时也带来了政府治理问题，如各国海关面临的监管、税收、安全和统计等多方面的挑战。

世界海关组织（WCO）是世界上唯一的海关事务性政府间国际组织，它的职能是通过制定和实施海关国际标准，协调和简化海关手续，维护贸易安全和推动贸易便利化，促进国际贸易可持续发展。它所制定的《商品名称及编码协调制度的国际公约》及《关于简化和协调海关业务制度的国际公约》（又称《京都公约》）等标准，为国际贸易的发展和海关手续的统一协调奠定了重要基础。

世界海关组织成员认识到，如果各个成员各自采取不同措施应对挑战，将对跨境电子商务的发展产生负面影响，因此制定全球统一的跨境电子商务海关监管标准尤为重要。2016年9月,世界海关组织成立了由各国海关、跨境电子商务平台、物流和支付企业、主要国际组织、行业协会以及学界代表组成的跨境电子商务工作组,经过近三年的努力,制定了《世界海关组织跨境电子商务标准框架》(以下简称《标准框架》)。

《标准框架》确立了提前获取数据进行风险管理,简化手续促进贸易便利化,确保国家和社会安全,加强税收征管,重视测量和分析,建立伙伴关系,开展公众宣传教育和能力建设,完善国际国内立法的八项原则,并根据这些原则制定了十五条标准以及实施标准的技术说明,为世界海关组织各成员统一监管跨境电子商务奠定了法律基础,提供了业务指引,成为近年来世界海关组织制定的重要国际标准。

作为世界海关组织成员,中国为《标准框架》的制定做出了突出贡献。中华人民共和国海关总署(以下简称"海关总署")统筹规划,口岸监管司、国际合作司、统计分析司、研究中心等部门协调指导，跨境电商试点城市海关和众多跨境电商企业积极参与了《标准框架》的制定工作。中国海关担任了跨境电子商务工作组联合主席，提出了"包容、审慎、创新、协同"的理念，创立了保税备货等商业模式，采取了汇总征税、清单申报等监管和贸易便利化措施，以及连接政府、企业两个平台共享数据，进行"三单比对"信息化监管，建立了与企业共同规范发展的伙伴关系。

2018年2月，海关总署与世界海关组织在北京共同举办了首届世界海关跨境电子商务大会。世界海关组织秘书长御厨邦雄在记者招待会上指出：现在，中国在促进电子商务发展以及国际贸易发展中已经是领军人物。世界海关组织倡议制定跨境电子商务标准框架，在这个过程中，中国积极参与了标准的制定，并且积极分享经验，这是中国对全球多边贸易体系发展所做的巨大贡献。

本书审校者有海关总署从事跨境电子商务监管政

策的制定者和日常业务管理部门的领导、世界海关组织电子商务工作组联合主席及成员，译者和释义部分的作者是在国内首批跨境电子商务试点城市之一——宁波从事跨境电子商务海关监管及相关工作的管理者和关员。我们希望通过将《标准框架》翻译介绍给国内读者，促进政府有关部门和广大电子商务企业了解《标准框架》，从而促进其实施，因为实施《标准框架》需要各国（地区）政府和企业的通力合作。相信在中国政府有关部门和电子商务企业的积极参与下，中国将与世界海关组织各成员一起，为跨境电子商务的发展提供安全和便利的环境，从而促进跨境电子商务的可持续发展。

本书编译者
2019 年 9 月

目录 CONTENTS

第一部分
《世界海关组织跨境电子商务标准框架》系列文件

一、海关合作理事会关于跨境电子商务标准框架的决议　03
二、《世界海关组织跨境电子商务标准框架》　05
　（一）概述　08
　（二）原则、目标和立法　11
　（三）实施战略、监控和能力建设　14
　（四）跨境电子商务管理主要原则和标准　16
三、实施《标准框架》的支持性文件　24
文件1　跨境电子商务标准框架技术说明　24
　（一）提前获取电子数据，实施风险管理　24
　（二）便利化和简便化　31
　（三）公平有效的税收征管　35
　（四）公众和国家安全　40
　（五）合作伙伴关系　45

（六）公众宣传推广和能力建设　　48
　　（七）测量和分析　　50
　　（八）变革性技术的使用　　51
文件2　定　义　　54
文件3　电子商务商业模式　　55
　　（一）自营模式　　55
　　（二）平台模式　　56
　　（三）综合模式　　57
文件4　跨境电子商务流程图示例　　58
文件5　退货流程图示例　　69
文件6　《世界海关组织跨境电子商务标准框架》
　　　　实施战略、行动计划和能力建设机制　　70
　　（一）实施战略　　71
　　（二）能力建设　　72
文件7　税收征管案例研究　　75
　　案例一　澳大利亚低价值进口商品　　75
　　（一）概述　　75
　　（二）背景　　79
　　（三）过程描述　　80
　　（四）立法模式的好处和挑战　　81
　　（五）合规与未来发展　　82
　　（六）附加或最终评论　　85
　　案例二　欧亚经济联盟税收征管模式　　86
　　（一）概述　　86
　　（二）背景　　89
　　（三）过程　　90

（四）成效与挑战　　　　　　　　　　　　91
　　（五）未来发展　　　　　　　　　　　　　92

　　案例三　巴西税收征管模式　　　　　　　　93
　　（一）概述　　　　　　　　　　　　　　　93
　　（二）支持电子商务税收征管的法律框架　　96
　　（三）过程描述　　　　　　　　　　　　　100
　　（四）采用中介征税模式的益处和挑战　　　107
　　（五）经验教训　　　　　　　　　　　　　109
　　（六）合规与未来发展　　　　　　　　　　111
　　（七）附加或最终评论　　　　　　　　　　117
　　（八）附件A　统计数据　　　　　　　　　118
　　（九）附件B　Siscomex Remessa系统示例　122

文件8　税收征管案例研究模板　　　　　　　　125
　　（一）概述　　　　　　　　　　　　　　　125
　　（二）背景　　　　　　　　　　　　　　　127
　　（三）过程描述　　　　　　　　　　　　　127
　　（四）成效与挑战　　　　　　　　　　　　127
　　（五）经验教训（如有）　　　　　　　　　128
　　（六）合规和未来发展（如有）　　　　　　128
　　（七）附加或最终评论　　　　　　　　　　128
　　（八）统计（如有）　　　　　　　　　　　129

文件9　《世界海关组织跨境电子商务标准框架》
　　　　实施战略案例研究模板　　　　　　　　130
　　（一）概述　　　　　　　　　　　　　　　130
　　（二）规划和优先顺序　　　　　　　　　　131
　　（三）提前获取电子数据　　　　　　　　　132

（四）风险管理　　　　　　　　　　　　133
（五）贸易便利化和手续简化　　　　　　134
（六）公众和国家安全　　　　　　　　　135
（七）税收征管　　　　　　　　　　　　135
（八）伙伴关系　　　　　　　　　　　　135
（九）公众宣传推广和能力建设　　　　　136
（十）测量和分析　　　　　　　　　　　136
（十一）技术发展　　　　　　　　　　　137
（十二）实施时间表、利益和挑战　　　　137
（十三）能力建设　　　　　　　　　　　138
（十四）合规性和未来发展
　　　　（如适用和/或可用）　　　　　138
（十五）附加或最终评论　　　　　　　　138

第二部分
《世界海关组织跨境电子商务标准框架》释义

一、跨境电子商务的发展　　　　　　　　　141
二、跨境电子商务框架方案在中国的探索实践　145
（一）提前获取电子数据实施风险管理，简化
手续促进贸易便利化（原则一、二）　　145
（二）维护公众和国家安全（原则三）　　149
（三）加强税收征管（原则四）　　　　　152
（四）重视测量与分析（原则五）　　　　157
（五）建立伙伴关系（原则六）　　　　　158
（六）开展公众宣传教育和能力建设（原则七）162

（七）完善立法框架（原则八） 163

第三部分
中国国内跨境电子商务主要政策文件

一、中华人民共和国电子商务法 167
二、商务部　发展改革委　财政部　海关总署
　　税务总局　市场监管总局关于完善跨境电
　　子商务零售进口监管有关工作的通知 190
三、财政部　海关总署　税务总局关于完善
　　跨境电子商务零售进口税收政策的通知 200
四、财政部　发展改革委　工业和信息化部
　　生态环境部　农业农村部　商务部
　　人民银行　海关总署　税务总局　市场
　　监管总局　药监局　密码局　濒管办关于
　　调整跨境电商零售进口商品清单的公告 202
五、海关总署关于规范跨境电子商务支付
　　企业登记管理的公告 203
六、海关总署关于跨境电子商务统一版
　　信息化系统企业接入事宜的公告 205
七、海关总署关于修订跨境电子商务统一版
　　信息化系统企业接入报文规范的公告 208
八、海关总署关于实时获取跨境电子商务
　　平台企业支付相关原始数据有关事宜
　　的公告 212

九、海关总署关于实时获取跨境电子商务
　　平台企业支付相关原始数据接入有关
　　事宜的公告　　　　　　　　　　　214
十、海关总署关于跨境电子商务零售进出口
　　商品有关监管事宜的公告　　　　　215
十一、海关总署关于跨境电子商务企业海关
　　　注册登记管理有关事宜的公告　　227
十二、财政部　海关总署　国家税务总局关于
　　　跨境电子商务零售进口税收政策的通知　229
十三、质检总局关于发布《跨境电子商务经营
　　　主体和商品备案管理工作规范》的公告　232
　　　附件　跨境电子商务经营主体和商品
　　　　　　备案管理工作规范　　　　　233
　　　　附1　跨境电子商务经营主体备案信息　236
　　　　　　质量诚信经营承诺书（参考格式）237
　　　　附2　跨境电子商务商品备案信息　239
十四、农业部　国家质量监督检验检疫总局公告　240
　　　附件　中华人民共和国禁止携带、邮寄
　　　　　　进境的动植物及其产品和其他
　　　　　　检疫物名录　　　　　　　　241

第一部分 PART ONE

《世界海关组织跨境电子商务标准框架》系列文件

一、海关合作理事会关于跨境电子商务标准框架的决议

海关合作理事会认识到：

（一）实施《世界海关组织跨境电子商务标准框架》（以下简称《标准框架》）确定的原则将是海关作为商界的合作伙伴，携手其他利益攸关方，在确保国家安全和促进合法贸易便利化的同时，不断推动跨境电子商务发展的重要步骤；

（二）电子商务的空前增长颠覆了企业和消费者的市场概念，改变了其销售和购买商品的方式，给政府和商界均带来了新的挑战和机遇；

（三）海关通过税收征管有助于提高国家经济竞争力和促进社会发展，而《标准框架》的实施将对海关准确征收关税及其他税款至关重要；

（四）海关和其他政府部门合作，在确保最有效执行国家政策法律法规、促进经济繁荣、确保守法便利方面所发挥的不可或缺的作用；

（五）政府间组织正在通过相关双边和多边平台进行密切合作；

（六）政策委员会就跨境电子商务指导原则达成

的决议(《世界海关组织卢克索跨境电子商务决议》[①],2017年12月);

(七)海关在办理业务时需要获得相关标准、获取更多辅助文件,以及加强与电子商务供应链利益攸关方之间的合作;

(八)为实施《标准框架》,各成员及海关或经济联盟可能需要对其法律或其他规定做出相应调整。

因此,海关理事会决定:

(一)通过《标准框架》;

(二)理事会成员和海关或经济联盟应当:

1. 根据各成员能力及立法机关实际情况,尽快实施《标准框架》所确定的原则、标准和条款;

2. 鼓励海关提升业务能力和廉政水平,从而使跨境电子商务框架更为全面;

3. 明确所需的可持续能力建设措施,包括适时修订国家法律法规和程序,确保《标准框架》相关条款的全面实施;

4. 提前考虑实施《标准框架》所需的技术援助;

5. 结合各自实际,向世界海关组织提交《标准框架》的实施时间表;

6. 努力促进《标准框架》所涉各方的全面合作;

---

① 世界海关组织2017年12月在埃及卢克索召开第78届政策委员会,会上通过了《世界海关组织卢克索跨境电子商务决议》。

7. 参加定期评估会议，评估实施进展；

8. 定期向世界海关组织提交执行情况报告，供评估会议讨论；

9. 考虑使用比较研究方法评估各成员实施进度。

（三）理事会成员和海关或经济联盟应告知世界海关组织关于《标准框架》的实施计划。世界海关组织会将相关情况转发给所有成员以及已报送实施计划的海关或经济联盟。

二、《世界海关组织跨境电子商务标准框架》

2018年6月，世界海关组织秘书长御厨邦雄指出：

"跨境电子商务（E-Commerce）的发展为全球经济创造了巨大的机遇，提供了增长新引擎、创造了贸易新模式、引领了消费新趋势、增加了就业新机会。这一前所未有的增长颠覆了企业和消费者的市场概念，改变了其销售和购买商品的方式，为其提供了更广泛的选择，包括运输、支付和送货方式。同时，电子商务降低了准入壁垒和成本，为中小微企业（MSMEs）开拓了全球经济机遇，提供了更广泛的海外市场准入机会。"

"与此同时，跨境电子商务，特别是企业对消费者（B2C）和消费者对消费者（C2C）的交易方式，给政府带来了许多新的挑战和机遇。这种快速演变的贸易环境需要包括海关在内的所有利益攸关方提供全面、细致的解决方案，以应对贸易量的空前增长、全球相关标准和指南的缺失，以及随之产生的边境风险。"

"在此情况下，世界海关组织成立了由政府、企业、国际组织、电子商务业界和学术界等众多利益攸关方代表组成的电子商务工作组，根据电子商务供应链中所有利益攸关方的需求和期望来制定多方合作的解决方案。"

"电子商务工作组本着真诚合作精神，在广泛研究和磋商的基础上，详细探讨了电子商务的主要驱动因素，审查了现行商业模式，考虑了当前和未来发展的可能趋势，确定了支持贸易便利化和政府监管的主要原则，整合了最佳实践，并制定了灵活的解决方案。电子商务工作组还制定了一套全球标准以及配套的指引和建议，以促进跨境电子商务发展，满足业界、消费者、海关和相关政府机构的需求。"

"严密和高效管理跨境电子商务的关键是使用及时和准确的信息（最理想的是从原始来源处获得的信息）。这有助于提早开展风险评估，尽量减少人工干预，便于合法贸易自动通关。不断增长的跨境电子商务货物和消费者对快速通关的期望也意味着海关和其他相关政府机构需要创新税收征管和边境监管模式。"

"跨境电子商务国际化的属性决定了其需要全方位、相互协调的方案。为此，政府和业界必须继续合作，制定务实、公平和创新的解决方案，在确保人员及经济安全的同时为全球经济做出贡献。方案的基石是制定一个标准框架，以阐明《世界海关组织卢克索跨境电子商务决议》中确定的基本标准、指引和主要原则。"

"标准框架汇聚了海关、其他政府机构、业界、学术界和社会团体等专家的经验和知识，并与世界海关组织促进边境监管流程的标准化和协调统一的宗旨保持一致。"

"我很高兴向国际社会介绍《世界海关组织跨境电子商务标准框架》。今后，为支持跨境电子商务的管理，这些标准需要辅之以技术说明、实施战略和健全的能力建设机制。"

"我号召世界海关组织所有成员和利益攸关方以协调一致的方式迅速实施框架中包含的标准，并根据前期实施获取的经验教训以及试点的成果，继续以技术说明和附加指南的方式进一步丰富充实框架。这将为未来进一步提升边境管理和贸易便利化积聚所需要的动能。"

（一）概述

跨境电子商务的快速发展正在影响所有国家和法律的管辖范围，因此需要一种全球性的创新、包容、审慎和协同的方法对其进行管理。各国政府和业界必须确保通过合作实现各自的潜在利益，方便合法的跨境电子商务贸易，以及公平高效的税收征管和社区保护。

缺乏有效管理跨境电子商务的全球标准，对贸易便利化、公众和国家安全及守法情况产生了负面影响。因此，为更好地将这一新的贸易渠道作为推动全球经济增长的新引擎，制定全球标准至关重要。

海关和其他边境机构在电子商务货物流通中扮演着非常重要的角色。因此，需要世界海关组织通过战略保障全球电子商务货物的合法流通，同时将对贸易的干预降到最低。

为此，世界海关组织制定了跨境电子商务标准框架，并希望世界海关组织成员本着和平合作、开放包容、互学互鉴、互利共赢的原则付诸实施。在适应新贸易方式的同时，我们不应忽视传统业务流程，应在不损害传统贸易公平竞争环境的基础上促进跨境电子商务贸易便利化。

《标准框架》将为政府（特别是海关）、业界和其他利益攸关方实现共同和各自目标提供总体指导。

1. 跨境电子商务的特征

一些国际组织和国家对跨境电子商务有着不同的方法和视角，尽管如此，他们所采用的定义中都包含了以下一些基本元素，例如，应用信息通信技术、运用互联网进行沟通和发起交易、货物从一个经济体跨境流动到另一个经济体，以及电子支付。

就《标准框架》而言，跨境电子商务的特征如下：

◇ 网上订购、销售、交流，如果可行，网上付款；

◇ 跨境交易/运输；

◇ 实际（有形）货物；

◇ 最终送达消费者/购买者（商业和非商业）。

《标准框架》主要适用企业对消费者（B2C）和消费者对消费者（C2C）交易。然而，鼓励成员将相同的原则和标准应用于企业对企业（B2B）交易。

2. 现状与发展趋势

国际供应链的数字化和跨境电子商务正在全球范围内推动经济增长，促进经济繁荣。为充分利用电子商务带来的经济潜力，伴随小件商品交易量的指数级增长，各种新的商业和贸易模式应运而生。不断增长的互联网经济带来了零售业革命，导致了购买模式的重大转变和业界及消费者对快速交货的需求增长，同时也带来了电子商务供应链中的新问题。

跨境电子商务是创新引擎，通过培育创新、引入新的贸易模式、创造就业机会和引领新的消费趋势，为经济社会发展带来巨大的机遇。

数量持续增长的跨境 B2C 和 C2C 电子商务货物，在快速通关、安全风险管控、税收高效征管和统计分析方面，给海关、其他相关政府机构和企业等利益攸关方带来了许多挑战。此外，非法贸易、非法资金流动、侵犯知识产权、假冒、盗版和商业欺诈等传统挑战仍然存在。

世界海关组织具有协调全球力量以便利合法跨境电子商务的独特优势。该组织成员来自海关和其他相关政府机构，其涉及的贸易额占全球贸易总额的 99% 以上。海关拥有其他政府部门不具有的重要权力——对国家的进出口货物和物品以及过境货物和物品进行检查的权力。海关还拥有快速验放、拒绝进出境、允许再出口和退税的权力。海关要求提供进口货物信息，并经常要求提供出口货物信息。海关也可以通过适当的立法，要求各电子商务利益攸关方提前提供电子信息，以维护公平竞争的环境。

鉴于其独特的权力和监管职责，海关通过实施现有的公约、标准和文件，可以而且应该在电子商务的跨境管理中发挥核心作用。因此，需要制定全面、标准化的方案，确保适当的风险识别和管理，优化电子商务供应链。

在2017年12月举办的埃及卢克索会议上，世界海关组织政策委员会通过了关于跨境电子商务的决议——卢克索决议。该决议提出跨境电子商务全球管理的一些主要原则。基于这些原则，通过与所有相关利益攸关方密切合作，《标准框架》着力为其实施决议中所确定的原则提供标准。

（二）原则、目标和立法

《标准框架》为协助海关和相关政府机构制定本国电子商务战略和业务框架（包括实施计划和时间表）提供了全球基本标准。它同时也可帮助世界海关组织成员完善现有框架，从而有效适应新的和不断变化的商业模式。

《标准框架》从便利和监管两个角度为有效管理跨境电子商务提供了标准。总的来说，《标准框架》：

◇ 建立了跨境电子商务供应链全球标准，以提高跨境电子商务的确定性、可预见性、透明性、安全可靠性和高效性。

◇ 推动建立一个和跨境电子商务有关、协调统一的风险评估、通关、税款征管和边境合作方案。

◇ 建立了一个跨境电子商务利益攸关方与海关及其他相关政府部门间的提前获取电子数据进行交换的标准化框架，从而便利合法贸易，为各利益攸关方提供更加公平的竞争环境。

◇ 寻求加强海关、其他相关政府部门和各利益攸关方在跨境电子商务领域方面的合作。

1. 跨境电子商务框架的八大原则

《卢克索决议》确定了跨境电子商务的八大原则：

◇ 提前获取电子数据，实施风险管理；

◇ 简化手续，促进贸易便利化；

◇ 维护公众和国家安全；

◇ 加强税收征管；

◇ 重视测量与分析；

◇ 建立伙伴关系；

◇ 开展公众宣传教育和能力建设；

◇ 完善立法框架。

2. 跨境电子商务标准框架

考虑到商业模式的多样性和各国国情不同，海关、其他相关政府机构和电子商务利益攸关方应采用框架制定的标准，协调实施《标准框架》。

框架提供了全球标准，支持跨境电子商务为各国和全球经济发展做出贡献，同时确保适当的监管措施以保护经济、社会，包括陆地、水域的自然环境及生产区域内的各类环境。它为边境管理部门如何处置高风险货物同时又加快低风险货物通关提供了指南，提高了贸易商和消费者在电子商务供应链方面的效率和可预见性，并确保资源的最佳利用。

3. 法律法规框架

跨境电子商务的指数级增长，在某些情况下，已经超越了有效规范这种贸易行为的法律制定和实施速度。在此背景下，一些国家或地区现行的法律和监管规定可能已不适应新的商业模式。

系统性和协调性立法的缺失，凸显了跨境电子商务供应链的重要问题，海关会同其他相关政府机构和电子商务利益攸关方，应采取行动，通过强有力的诊断找到并解决立法脱节问题。

法律框架应建立在有效监管、公平、透明的原则上，同时满足新的以及正在出现的要求，以平衡跨境电子商务各利益攸关方的不同利益诉求。

法律法规框架应当解决的问题包括但不限于以下内容：如何通过规定各种商业模式的电子数据提前获取以提升贸易便利、公众和国家安全及实货监管水平；如何定义跨境电子商务各利益攸关方的法律地位、职责作用；如何遵守有关隐私保护和反垄断的法律，保护消费者个人信息；如何维护电商和电商平台、中介和消费者的利益；如何以公平和非歧视的方式保证跨境电子商务的安全可靠。

在建立或调整跨境电子商务立法框架时，各国政府应充分利用国际标准，其中包括现行的世界海关组织协定和标准、所有相关的世界贸易组织协定特别是《贸易便利化协定》（TFA）和其他国际协定、标准和文件。

（三）实施战略、监控和能力建设

1. 实施战略

可以理解，不是每一个海关都能够立即实施这个框架。因此，各国海关应根据各自的工作重点、能力、人力和财力、内部程序，依托能力建设分阶段实施本框架。

海关应与其他相关政府部门和电子商务利益攸关方紧密合作，采取适当和灵活的方式实施《标准框架》。

为进一步支持海关实施《标准框架》，世界海关组织正在制定一个基于成员已有经验和案例研究的高层次实施战略。该战略将向各成员提供实施标准框架的关键绩效指标和大致时间表模板。

2. 监控

国家层面的实施战略应包含持续评估和过程跟踪的相关规定，包括制定关键绩效指标以评估实施的有效性。各国海关应当定期向世界海关组织通报实施框架的措施和取得的进展。

世界海关组织相关机构应负责管理和更新《标准框架》，并监督它的实施情况。

3. 能力建设

有效的能力建设是确保《标准框架》广泛实施和应用的重要因素。为保证迅速、协调地实施该标准，世界海关组织需要制定战略规划，提升向各成员提供相关能力建设服务的水平。

各国海关应加强合作，与世界海关组织及其他国际组织一起，充分利用世界海关组织标准和文件，构建和提高对跨境电子商务高效的进行风险管理和海关监管的能力。

世界海关组织及其发展伙伴将根据成员各自的需求向有意实施《标准框架》的成员提供协助。

（四）跨境电子商务管理主要原则和标准①

1. 提前获取电子数据，实施风险管理

（1）导言

使用提前获取的电子数据开展有效的风险管理适用于各个业务领域，也是贸易便利化、公众和国家安全、税收征管以及测量和分析的基础。

电子商务产业链既是数据驱动的，也是数据丰富的。互联网上丰富的数据信息空间或价值链，与更智能、更强大的计算能力融合，使得在整个电子商务环境中数据的访问、聚合、分析和使用更加容易。

提前获取的电子数据应当在相关电子商务利益攸

---

① 译者注：为支持《标准框架》的实施，2019年6月世界海关组织第133/134届理事会年会审议通过了包括技术说明、实施战略及能力建设机制等在内的一系列支持性文件，其中的技术说明对本节所述的跨境电子商务管理主要原则和标准进行了逐条、详细的说明，具体详见"三、实施标准框架的支持性文件——文件1 跨境电子商务标准框架技术说明"。

关方和海关间及时进行交换以开展有效的风险管理，这对于应对此类快速发展的新型贸易形态至关重要。

通过基于通用报文格式和统一标准化数据集的国家电子接口（如"单一窗口"），建立健全电子商务利益攸关方和海关之间的信息交换机制（如货到前的一般风险评估，海关通关，以及装载前的安全风险评估）将会非常有益。

提前获取电子数据的交换将实现高效的风险管理，可以在确保符合包括税收征管在内的监管规定的同时，进一步提升供应链效率。

(2) 标准

标准 1：提前获取电子数据的法律框架

应建立法律法规框架，使得电子商务供应链相关方、海关和其他相关政府部门能够进行电子数据提前交换，以加强跨境电子商务监管，提升贸易便利化水平，同时应重视相关法律特别是竞争法（反垄断法）对数据安全、数据隐私、数据保护和数据所有权的规定。

标准 2：使用国际标准提前交换电子数据

各国应结合自身的政策实施世界海关组织及其他国际组织标准和指引，促进提前获取电子数据交换的协调有效实施。

标准 3：实施风险管理，以促进便利、强化监管

海关应当完善和应用专门针对电子商务的动态风险管理技术，以甄别高风险货物。

标准 4：使用非侵入式查验技术和数据分析方法

作为风险管理的一部分，海关应将数据分析和筛查方法与非侵入式检查设备结合使用，并覆盖所有运输方式和经营者，以促进跨境电子商务物流的发展，强化海关监管。

2. 便利化和简便化

(1) 导言

很多国家海关在便利合法贸易和简化手续方面已取得显著成果。但考虑到跨境电子商务业务量的快速增长，可干预的时间短以及部分商业模式缺乏及时准确的数据传输，因此海关应就如何运用修订后的《京都公约》《全球贸易安全与便利标准框架》和《即刻放行指南》等现有世界海关组织标准和文件重新进行战略规划，找到适合现代的解决方案，有效回应业界和消费者对跨境电子商务货物安全、可靠和快速交付的期待。

(2) 标准

标准 5：简化通关手续

海关应酌情与其他相关政府部门合作，制定并不断简化通关手续/程序，包括对跨境电子商务货物开展提前申报和风险评估，对低风险货物在抵离时适用即刻放行程序。简化通关手续/程序应酌情包括以企业为单元的税费征收和/或退货制度。

标准6：将经认证的经营者（AEO）概念扩展到跨境电子商务领域

海关应当探索在跨境电子商务领域应用AEO制度及其互认安排/协定的可能性，包括充分发挥中介作用，使中小微企业和个人充分享受跨境电子商务带来的机遇。

3. 公平有效的税收征管

(1) 导言

为有效应对税收征管方面现有和新出现的挑战，特别是大量低价值和小件跨境电子商务货物，作为政府税收主管部门，海关和税务应密切合作。在与税务部门的合作中，海关应充分考虑选择征管模式（如卖方模式、中介或消费者/购买者征管模式），适时从目前以交易为基础、在口岸审价和征税的征收模式向以企业为单位、货物在装运或到港前进行税款自动征收的模式转变。

海关和税务部门还应考虑到在电子商务环境下的法律职责定位、海关管辖权（管辖范围）、跨境合作以及实施放行后稽查和监管的相关问题。

海关选择税收征管模式时，应考虑给政府以及各种商业模式带来的机遇和挑战，同时根据各国国情及低值、小件货物的进口情况，考虑该征管模式下贸易经营者所需承担的成本。

(2) 标准

标准7：税收征管模式

海关应与政府机构或有关部门合作，酌情考虑采用各种征税模式（如，卖方、中介或消费者/购买者等）征收关税和其他税费。为确保税款征收，海关应提供电子支付手段、在线公布相关信息，允许采用灵活多样的支付方式，确保税收征管过程公平和透明。采用的征税模式应实用、高效、可扩展、具灵活性，支持各种商业模式，并有助于为电子商务利益攸关各方营造公平的竞争环境。

标准8：最低起征点

各国政府在评估和/或调整关税/或税收的最低起征点时，应充分考虑本国国情，科学决策。

4. 公众和国家安全

(1) 导言

鉴于世界海关组织成员对公众和国家安全风险（包括产品安全）的看法各不相同，海关应会同其他相关政府部门构建并应用相应的风险特征，用以识别跨境电子商务渠道对公众和国家安全构成威胁的高风险货物。针对社会和环境的一般安全威胁，海关应尽可能与其他国家海关分享风险信息，以便于提高确定风险指标和分析风险的能力。

海关与其他相关部门的合作对于发现和阻止电子商务渠道非法货物流通尤为重要。情报信息能让海关集中监管最高风险货物并快速放行低风险货物。在可能的情况下，海关还应与信得过的电子商务利益攸关方分享情报信息，确保政府和企业之间在安全防控方面采取最有效的合作。

(2) 标准

标准 9：防范商业瞒骗和非法交易

海关应与其他相关政府部门合作，建立针对非法跨境电子商务活动的分析和调查制度，防范和发现商业瞒骗，制止电子商务渠道滥用，阻断非法贸易流通。

标准 10：跨部门合作和信息共享

各国政府应尽可能在国家部门间建立包括"单一窗口"在内的相关电子机制合作框架，统一协调应对跨境电子商务的公众和国家安全风险，便利合法贸易。

5．合作伙伴关系

(1) 导言

快速发展的跨境电子商务环境要求加强现有的合作和伙伴关系，并与电子商务供应链上的新的参与者建立合作和伙伴关系，从而以互相协作的方式更好地应对挑战。

(2) 标准

标准 11：政企合作伙伴关系

海关应当建立并强化与电子商务利益攸关方之间的合作伙伴关系，发展和加强相互间的交流、协调和合作，促进守法和便利化。

标准 12：国际合作

海关应将海关间的合作和伙伴关系拓展至跨境电子商务领域，以确保守法和便利。

6. 公众宣传推广和能力建设

(1) 导言

在由跨境电子商务驱动的贸易扩散时代，任何人都可能成为贸易商——买家或者卖家，并且可以在这两个角色间无缝切换，因此越来越有必要建立一个宣传机制，让这些新兴贸易群体更好地了解并遵守各类监管规定。这个机制涉及内容很多，特别应当包括强有力的宣传和推广活动，同时加强培训和能力建设。

(2) 标准

标准 13：沟通交流、公众宣传推广

海关应通过全面公众宣传、沟通交流、教育推广等活动，让消费者、公众和其他利益攸关方了解跨境电子商务监管要求，以及从事跨境电子商务活动需承担的风险和责任。

7. 测量和分析

(1) 导言

跨境电子商务的准确测量是制定科学政策和做出商业决策的关键。此外，判断趋势、模式和新兴业态有助于更好的风险管理。

(2) 标准

标准 14：测量机制

海关应与相关政府部门一起，与电子商务利益攸关方密切合作，根据国际统计标准和国家政策，准确获取、测量、分析和公布跨境电子商务统计数据，以便科学决策。

8. 变革性技术的使用

(1) 导言

电子商务的动态性和全球性要求各国政府积极主动应对并具有前瞻性思维，利用未来技术为新出现的电子商务挑战提供解决方案。需要持续创新，如加强与企业和学术界的合作。

(2) 标准

标准 15：探索技术发展和创新

海关应当与其他相关政府部门、企业和学术界合作，探索创新技术发展，并考虑这些发展是否有助于更加严密、高效地监管和促进跨境电子商务。

三、实施《标准框架》的支持性文件

文件 1 跨境电子商务标准框架技术说明

（一）提前获取电子数据，实施风险管理

1. 导言

使用提前获取的电子数据开展有效的风险管理，适用于各个业务领域，也是贸易便利化、公众和国家安全、税收征管以及测量和分析的基础。

电子商务产业链既是数据驱动的，也是数据丰富的。互联网上丰富的数据信息空间或价值链，与更智能、更强大的计算能力融合，使得整个电子商务环境中数据的访问、聚合、分析和使用更加容易。

提前获取的电子数据应当在相关电子商务供应链利益攸关方和海关间及时进行交换，以开展有效的风险管理，这对应对此类快速发展的新型贸易形态至关重要。

通过基于通用报文格式和统一标准化数据集的国

家电子接口（如"单一窗口"），建立健全电子商务利益攸关方和海关之间的信息交换机制（如货到前的一般风险评估，海关通关，以及装载前的安全风险评估）将会非常有益。

提前获取电子数据的交换将实现高效的风险管理，可以在确保符合包括税收征管在内的监管规定的同时，进一步提高供应链效率。

2. 标准

（1）标准1：提前获取电子数据的法律框架

应建立法律法规框架，使得电子商务供应链相关方、海关和其他相关政府部门能够进行电子数据提前交换，以加强跨境电子商务监管，提升贸易便利化水平，同时应重视相关法律特别是竞争法（反垄断法）对数据安全、数据隐私、数据保护和数据所有权的规定。

▣ 技术说明

① 法定数据集

海关应与电子商务供应链相关方密切合作，规定一个数据集用于开展风险评估和确保税款征收。此外，根据文件3所列的商业模式，海关还应该确定在电子商务供应链中谁最合适提供最精确的数据。

根据公开透明的要求，海关应当明确说明所需数据、用途、数据采集方式、数据保存时长，以及该数据可能与谁共享。

电子商务供应链相关方的数据应该尽早提交，以便海关和相关政府部门对电子商务商品采取货到前处置、风险评估和放行、税款审核和征收。如果有些海关已经实施了装载前提供货物信息（PLACI）制度，则不应要求就跨境电子商务再次提交相同数据。

海关应尽可能少地要求电子商务供应链相关方提供为达到所确定目的所需的数据。跨境电子商务流程图示例见文件 4。

② 数据隐私和保护

数据的交换、存储、访问和使用应当完全符合适用的数据隐私和反垄断法，且只能涉及利益攸关方各自法律授权和权限范围内的数据。

海关、其他政府机构和电子商务供应链相关方应按照适用法律，记录和保存有关数据，采取必要措施确保电子数据的完整性、安全性、保密性和可用性，保证交易过程记录可追溯和防篡改。

（2）标准 2：使用国际标准提前交换电子数据

各国应结合自身的政策实施世界海关组织及其他国际组织的标准和指引，促进提前获取电子数据交换的协调有效实施。

 技术说明

① 世界海关组织数据模型

海关应酌情使用世界海关组织的数据模型，以方便提交和交换提前获取的电子数据。

② 数据质量

为确保提前获取电子数据的质量，海关和其他边境机构应会同邮政运营商、快件和其他快递服务商、电商/平台、电子支付服务商、消费者及其他利益攸关方尽可能提供必要的支持，搭建可兼容的系统，建设必要的电子接口，确保数据收集的高效和精确。

为最大限度地提高数据的准确性，海关应采用技术手段交叉比对不同来源的信息。将来，基于大数据的技术可能发挥更大的作用，海关和其他相关政府机构可探索完全使用技术手段提高数据质量的可能性。

③ 数据交换机制

为开展风险管理（如防控公众、国家安全和财政风险）和实施本标准，海关应当在国家层面建立一种与供应链各方交换提前获取电子数据的机制。

世界海关组织的公约、标准和文件，如《全球贸易安全与便利标准框架》，为提前获取电子信息提供了详细的指引。

④ 中心化平台

海关应通过一个中心化平台（如"单一窗口"平台）加快提前获取电子数据的提交、传输和处理，以及货物放行。该平台应允许跨境电子商务利益攸关方在提交数据后，海关和相关政府机构能依照各自法律法规访问同一个数据。

(3) 标准3：实施风险管理，以促进便利化、强化监管

海关应当完善和应用专门针对电子商务的动态风险管理技术，以甄别高风险货物。

 技术说明

① 动态风险评估

海关应考虑利用风险评估技术及其系统，以动态适应新趋势，确保对相关方可识别，对货物和交易可追溯。

海关还可以从电商企业、平台和中介获取其他数据源，并将其纳入风险评估流程，以便更深入地了解供应链风险。在法律适用范围内，这些位于出口国/供应国的相关方也可以与其他企业共享信息。

为了保障供应链安全，海关应与其他边境机构和政府部门一起制作并定期更新电子商务经济活动中的企业风险档案，包括低报价格、知识产权侵权、非法贸易等风险。这将确保在风险评估中使用准确的信息，避免对供应链中的低风险企业产生负面影响。

② 数据印证

为提高风险管理水平，海关应在整个供应链过程中重复使用数据，持续开展风险评估，并使用反馈和会计记账手段开展数据印证，以确保信息的准确性。

③ 未知贸易方

海关应识别和验证贸易方，并对守法和不守法的

各方区别对待。

为了确定未知的贸易方是否守法，包括跨境电子商务各方（如首次和偶尔发货商／买方／卖方），有必要根据模式分析建立风险档案。为确保风险档案保持准确并且不会对合法方产生不利影响，应通过定期审计和环境变化后的识别对其进行不断验证和更新。

④ 违法者清单

海关会同电子商务供应链中的其他执法机构和相关方，应在国内和国际法范围内识别和存储违法者信息。如有可能，还应与企业利益攸关方分享这些信息，以便企业采取措施防范非法活动（如盗窃、商业瞒骗和走私）。

（4）标准4：使用非侵入式查验技术和数据分析方法

作为风险管理的一部分，海关应将数据分析和筛查方法与非侵入式检查设备结合使用，并覆盖所有运输方式和经营者，以促进跨境电子商务物流的发展，强化海关监管。

▨ 技术说明

海关应使用《世界海关组织海关风险管理纲要》，以及其他国际标准和工具。

① 非侵入查验（NII）技术

海关应利用非侵入查验（NII）产生的数据（如货物扫描图像），与提前获取电子数据和其他来源数据相结合，通过仅对货物进行必要的查验和必须的查获来提高效率。非侵入查验图像也可以使用国际标准在海关和其他政府机构之间进行交换。海关间应有协议或安排共享非侵入查验数据。

海关应尽可能利用非侵入查验图像和电子商务利益攸关方的扫描结果。

非侵入查验设备可以包括含有使用算法和/或机器学习的自动检测技术，用来识别高风险违禁品（如武器、爆炸物、非法药物）。海关应酌情将非侵入查验设备整合到包裹分拣系统（如输送带）中进行监管，并尽量减少对合法货物流通的干扰。

考虑到各种威胁、不同时期的重点及电子商务商业模式的不断发展，非侵入查验设备应该实现自动化、经过验证并适应电子商务环境发展。

海关可以与电子商务利益攸关方合作，改进检测体系结构。

② 数据分析技术

海关应采取主动和高效的方式识别供应链风险。数据分析和适用技术将简化风险识别，促进货物流动，这对保护边境具有战略意义。

跨境电子商务这种快速发展的贸易方式，需要能适应商业速度的精准决策。为了使跨境电子商务企业能够在实时业务环境中轻松运营，必须采用有效的策略，利用技术手段访问和分析数据，以便高效及时地发现问题和洞悉情况。

经济实用的分析技术可以系统地计算分析数据，这对电子商务各个方面产生了深远影响。随着越来越多的电子商务平台和供应链各方使用分析技术，利用分析技术集成到现有业务流程中解决业务问题也变得越来越容易。

通过整合电子商务供应链中的数据，并引入其他数据源进一步充实丰富，海关可以深入了解贸易链活动和其中的关系。这有助于海关判断趋势，发现可疑情况（如走私货物、低报价格、假冒和其他禁限货物的流通）。

事前分析可使海关监控电子商务利益攸关方和消费者，实时确定风险分值，从而便利合法货物、查缉违法货物。

数据分析可以同时应用于结构化和非结构化数据。应尽可能应用事前分析技术（如预测分析、文本分析和机器学习模型），以应对所有现有和新出现的威胁。

（二）便利化和简便化

1. 导言

很多国家的海关在便利合法贸易和简化手续方面已取得显著成果。但考虑到跨境电子商务业务量的快速增长，可干预的时间短以及部分商业模式缺乏及时准确的数据传输，因此海关应就如何运用修订后的《京都公约》《全球贸易安全与便利标准框架》和《即刻放行指南》等现有世界海关组织标准和文件重新进行战略规划，找到适合现代的解决方案，有效回应业界和消费者对跨境电子商务货物安全、可靠和快速交付的期待。

2．标准

（1）标准5：简化通关手续

海关应酌情与其他相关政府部门合作，制定并不断简化通关手续/程序，包括对跨境电子商务货物开展提前申报和风险评估，对低风险货物在抵离时适用即刻放行程序。简化通关手续/程序应酌情包括以企业为单元的税费征收和/或退货制度。

技术说明

① 世界海关组织即刻放行指南

海关应实施《即刻放行指南》，对无须办理海关手续的货物即刻放行，同时对低价值货物到达后立即办理通关手续，或根据提前获取的电子数据开展货到前风险管理，并保持适当的海关监管，对应税货物确保税款征收。

② 现有手续和程序的修订

考虑到现有的不断发展的电子商务商业模式，以及为电子商务交易和运送货物办理海关手续的中小微企业（MSMEs）、个人买方、卖方以及经营者的需求，海关可以改进现有手续和/或采用新手续要求逐项申报。备选方案如下：

◇ 国家立法允许在货物到达前以电子方式提前获得装运申报数据和证明文件进行货到前和/或通关前风险分析。海关应在收到数据后立即开始分析，以期在货物实际到达前完成评估，使低风险货物立即放行/通关；

◇ 允许企业/个人和中介机构以企业为单元进行进出口概要申报，并根据监管要求进行财务抵押/担保，定期缴纳税款；

◇ 在适当情况下，简化原产地、价格和归类申报；

◇ 减少随附文件，只要求提交提前获取的电子数据，并在必要时重复使用；

◇ 对货物使用唯一标识，以便在海关申报和其他监管中重复使用（尽可能）交易、物流和支付数据；

◇ 同一数据集可用于多种目的（如风险评估、通关和税收）。

③ 退货/退税程序

海关应尽可能允许在规定时限内简化退货和退税

程序（如舱单申报或简要货物申报），例如：

◇ 进出口货物相互冲抵，对来自同一启运国的货物在重新进口时免征关税和（如适用）其他税费，便利退货；

◇ 提交再出口证明（如进口和/或出口申报和/或退税金额证明）；

◇ 电子退税/退款系统，根据符合要求的数据和进口货物与退回货物的冲抵，允许经授权中介代表相关方申请退税/退款。

退货流程图示例见文件5。

（2）标准6：将经认证的经营者（AEO）概念扩展到跨境电子商务领域

海关应当探索在跨境电子商务领域应用 AEO 制度及其互认安排/协定的可能性，包括充分发挥中介作用，使中小微企业和个人充分享受跨境电子商务带来的机遇。

 技术说明

① 纳入 AEO 计划的可能性

海关应加强与企业的合作伙伴关系，特别是与电商企业/平台和中介机构的合作，探索将其纳入世界海关组织《全球贸易安全与便利框架》AEO 或其他信得过企业计划的可能性。为确保 AEO 计划完善，中介机构也应达到 AEO 制度的守法和安全的一般条件和标准。

② AEO授权管理规定的严格执行

AEO授权管理规定应得到严格执行。保持AEO地位要求电子商务供应链各方不断进行自我监控和有效合作，特别要考虑它们在国际供应链中的作用及其特定的商业模式。这将使中介机构能够进行安全和守法检查，使其代理的货物也能获得AEO享受的优惠或其他便利。

③ 评估企业时，措施的有效性

在评估企业是否符合标准和条件时，海关应充分考虑企业针对电子商务各利益攸关方的特征而采取的措施的有效性，这些特征包括交易数量巨大、业务合作伙伴众多、范围广泛、重视快速交付等。企业的内部控制程序应防止可能的侵权行为，并应根据交易总量和涉及的潜在风险不断进行评估。

④ 简化手续的可能性

在国家法律法规范围内，海关应经常研究进一步简化手续的可能性并付诸实施，前提是经营者符合相应的条件和标准，同时AEO计划的水平不受影响。

（三）公平有效的税收征管

1. 导言

为有效应对税收征管方面现有和新出现的挑战，特别是大量低价值和小件跨境电子商务货物，作为政府税收主管部门，海关和税务应密切合作。在与税务部门的合作中，海关应充分考虑选择征管模式（如卖方模式、中介或消费者/购买者征管模式），适时从目前以交易为基础、在口岸审价和征税的征收模式向以企业为单位、货物在装运或到港前进行税款自动征收的模式转变。

海关和税务部门还应考虑到在电子商务环境下的法律职责定位、海关管辖权（管辖范围）、跨境合作以及实施放行后稽查和监管的相关问题。

海关选择税收征管模式时，应考虑给政府以及各种商业模式带来的机遇和挑战，同时根据各国国情及低价值、小件货物的进口情况，考虑该征管模式下贸易经营者所需承担的成本。

2．标准

（1）标准7：税收征管模式

海关应与政府机构或有关部门合作，酌情考虑采用各种征税模式（如，卖方、中介或消费者/购买者等）征收关税和其他税费。为确保税款征收，海关应提供电子支付手段、在线公布相关信息，允许采用灵活多样的支付方式，确保税收征管过程公平和透明。采用的征税模式应实用、高效、可扩展并具灵活性，支持各种商业模式，并有助于为各电子商务利益攸关方营造公平的竞争环境。

▶ **技术说明**

① 征税模式

根据征税模式标准，已经确定的目前正在使用或正在探索的征税模式包括：

◇ 卖方征税模式；

◇ 中介征税模式；

◇ 买方/消费者征税模式。

这些征税模式或可能的混合模式信息，包括各国的工作经验。

现有和新出现的征税模式都应考虑适用 AEO 或其他信得过企业计划，使得海关能够降低由无意或故意低报价格和申报不实，以及骗取退税等商业瞒骗带来的风险。确定的征税模式应以风险管理和稽查为基础。

征税方法应该高效、广泛适用和具有灵活性，同时从国内外零售商和快递/邮政运营商的角度为所有运营商提供公平、透明和公正的竞争环境。

征税方法的有效性可以通过利益攸关方共同参与的试点项目来验证。

② 征税方法的立法框架

海关可以采用一种或多种征税模式测试其效率，同时考虑对纳税人的影响。

必要时，海关可以制定法律框架实施已确定的征税方法。

③ 估价和关税／其他税款

货物的完税价格应根据《世界贸易组织海关估价协议》确定。

为保证数据质量，海关和其他边境机构还应遵守《世界贸易组织海关估价协议》和世界海关组织的相关指引。

④ 与税务部门的合作

鉴于海关和税务部门都对不断增长的低价值和小件跨境电子商务货物存在类似的担忧，特别是潜在的税收损失和对国内零售商的扭曲影响，两个管理部门应加强合作，制定连贯一致的税收政策，包括考虑采用单一的缴税方案。

通过建立和／或加强信息技术系统联通、协作甚至是系统联合、企业稽查等措施，海关和税务部门之间可以及时进行数据交换，协调监管电子商务货物。

（2）标准8：最低起征点

各国政府在评估和／或调整关税／或税收的最低起征点时，应充分考虑本国国情，科学决策。

 技术说明

① 最低起征点的应用

大多数海关采用最低起征点，就是低于规定值不征收关税和／或其他税款。同时可能还采用最低申报值，超过规定值需要进行完整的海关申报。

各国政府应向世界海关组织通报最低起征点信息及其变化情况，以便世界海关组织在其网站上公布，同时存入全球信息库供成员查询。

② 评估/调整最低起征点

在评估/调整最低起征点时，各国政府应慎重考虑各自最低起征点的经济和社会影响，根据本国优先战略和具体国情做出科学决策。独立和以证据论证的经济研究有助于科学决策。各国政府还应特别注意调整最低起征点对国家经济增长率、就业和社会系统整体运作可能产生的影响。

税率、最低起征点及货物的范围和交易限制直接影响进口货物适用的海关手续。各国政府应在跨境电子商务贸易促进经济增长和保持国内市场继续繁荣的健康竞争环境之间取得平衡。因此，应酌情慎重评估以下关键方面：

◇ 根据国家政策，考虑国家特点、经济和地理环境；

◇ 简化征税方式；

◇ 网络经济对经济的影响；

◇ 政府干预和征税的成本；

◇ 合规成本；

◇ 税收问题；

◇ 对本国电子商务出口的互惠贸易的影响；
◇ 海关监管要求；
◇ 对国内零售商和生产商可能产生的影响；
◇ 公平、透明、一致的法律适用。

（四）公众和国家安全

1. 导言

鉴于世界海关组织成员对公众和国家安全风险（包括产品安全）的看法各不相同，海关应会同其他相关政府部门构建并应用相应风险特征，用以识别通过跨境电子商务渠道对公众和国家安全构成威胁的高风险货物。针对社会和环境的一般安全威胁，海关应尽可能与其他国家海关分享风险信息，以便提高确定风险指标和分析风险的能力。

海关与其他相关部门的合作对于发现和阻止电子商务渠道的非法货物流通尤为重要。情报信息能让海关集中监管高风险货物并快速放行低风险货物。在可能的情况下，海关还应与信得过的电子商务利益攸关方分享情报信息，确保政府和企业之间在安全防控方面采取最有效的合作。

2. 标准

（1）标准9：防范商业瞒骗和非法交易

海关应与相关政府部门合作，建立针对非法跨境电子商务活动的分析和调查制度，防范和发现商业瞒骗，制止电子商务渠道滥用，阻断非法贸易流通。

▧ **技术说明**

① 公众和国家安全问题

海关应加强与相关政府部门和电子商务利益攸关方的合作，根据国际协议和标准，如世界海关组织《全球贸易安全及便利框架》及《国际民航组织芝加哥公约》附件9和17，《国际海事组织1965年国际便利海上运输公约（FAL）》和《1974年国际海上人命安全公约（SOLAS）》，管理公众和国家安全风险。

② 打击非法贸易和瞒骗行为情事

目前的趋势表明非法货物的进口有所增加。电子商务的销售和购买具有匿名性、碎片化和直接性，这些特征容易被利用。同时，犯罪分子还在利用包括社交媒体和个人对个人加密聊天等新概念进行非法贸易。

传统瞒骗行为的形式特别是低报价格，也同样存在于电子商务中。

海关应与其他执法机构和其他利益攸关方密切合作，提高信息技术能力，发现和打击非法贸易和商业瞒骗活动。

海关应与电商企业/平台合作，发现非法商品在线交易，打击瞒骗行为，加大力度（如建立健全法律制度），采取必要措施打击网上非法贸易的参与者。

持续推进执法机构之间的伙伴关系并与电商企业/平台、中介机构和互联网服务提供商（ISPs）合作，将有助于海关和电子商务利益攸关方采取措施，打击非法贸易和瞒骗行为（如取缔网站、关闭账户），提高对海关政策和其他相关规定的守法度。

此外，海关应继续与世界海关组织成员和其他国际组织（如经济合作与发展组织）合作，分享在电子商务领域打击非法贸易和商业瞒骗的最佳做法。

③ 禁止和限制商品清单

为了保护电子商务供应链，海关应与其他相关政府机构合作，制定并定期更新各自国家的禁止和限制货物清单，并方便所有利益攸关方查询获取。公众和国家安全的关键领域包括但不限于：

◇ 产品安全；

◇ 侵犯知识产权（IPR）；

◇ 武器和爆炸物；

◇ 危险生物武器或化学物质；

◇ 大规模杀伤性武器（WMD）；

◇ 药物及前体；

◇ 网络犯罪；

◇ 活生物体、外来入侵物种、害虫、病原体，以及可能给进口国带来生物入侵风险的动植物衍生品和真菌；

◇ 濒危物种国际贸易公约（CITES）植物和动物；

◇ 农业风险（如植物检疫）；

◇ 卫生检疫风险；

◇ 有害物质（如电子废物）。

④ 分析和调查

根据各国法律法规，电子商务非法活动的分析和调查需要确定合作的特殊重点和新领域。海关应深入探讨和研究非法贸易的电子性质和相关交易痕迹线索。这需要海关建立机制和培养相关调查能力，这些能力包括但不限于：

◇ 跟踪数字轨迹；

◇ 挖掘资金流动；

◇ 锁定和追踪暗网活动；

◇ 处理被扣押货物；

◇ 证据管理。

（2）标准10：跨部门合作和信息共享

各国政府应尽可能在国家部门间建立包括"单一窗口"在内的相关电子机制合作框架，统一协调应对跨境电子商务的公众和国家安全风险，便利合法贸易。

 技术说明

① 海关与其他政府机构的合作

动态的电子商务环境往往需要所有相关政府机构（包括农业和环境有关的部门和机构在内）实时响应或干预，以确保合法货物快速通关，并以最少的干预实现对风险的有效管控。海关进行风险评估时应考虑相关机构之前已开展的风险排查情况。

在电子商务参与方的支持下，海关与其他执法机构应加强合作，在国家和国际层面开展联合调查。这种合作可进一步延伸至相关方所在的出口国。

海关应与其他执法机构和利益攸关方密切合作，提高发现非法贸易渠道的能力，特别是"暗网"的非法活动以及非法侵犯知识产权的卖方，了解其对合法电子商务的影响，并采取适当的应对措施。海关应与利益攸关方建立有效渠道，交换非法侵犯知识产权的卖方信息。

② 开展提前数据筛查的国家布控中心

为在加强海关监管的同时加快货物放行速度并确保数据安全，海关应会同其他相关边境管理机构建设一个国家集中平台，如国家"单一窗口"（NSW）。

平台应采用信息共享原则，以便向海关提供的数据也能同时满足合作机构的监管要求。

此外，国家布控中心（NTC）的建立将有助于利用参与机构提供的数据，对跨境电子商务货物统一协调开展货到前数据筛查和布控，进行全面综合的风险管理。

③ 数字化能力

为跟上电子商务快速发展的步伐，海关应与其他相关政府机构一起，通过信息共享和教育培训，努力采用新技术，例如，开展在线培训和组织一线关员参与经验分享的国际交流活动。

（五）合作伙伴关系

1. 导言

快速发展的跨境电子商务环境要求海关加强现有的合作和伙伴关系，并与电子商务供应链上的新的参与者建立合作和伙伴关系，从而以互相协作的方式更好地应对挑战。

2. 标准

（1）标准11：政企合作伙伴关系

海关应当建立并强化与电子商务利益攸关方之间

的合作伙伴关系，发展和加强相互间的交流、协调和合作，促进守法和便利化。

■ 技术说明

① 合作伙伴关系

海关应在法律法规允许的范围内探索与电子商务利益攸关方共享信息。在数据交换方面的合作有助于发现从事非法货物贸易的卖方、中介机构或其他利益攸关方，便于海关开展执法行动。

合作伙伴关系可包括AEO/信得过贸易商计划和其他制度，如谅解备忘录（MOU）等，这些制度明确了各自角色、责任和权益。

必要时，海关应采取具体的合作安排以获取其他数据，包括来自合作伙伴和执法机构的数据，以帮助其识别并应对威胁。

海关应对自愿提供额外数据的企业进行奖励，额外提供的数据可与有关方协商确定。

② 合作机会

加强与电子商务利益攸关方的伙伴关系更加有助于电子数据交换，因为他们在电子商务中的作用及持有的数据十分重要。所以，海关应考虑与电子商务利益攸关方建立一套数据交换的标准方法，共享电子接口和标准报文格式。

(2) 标准12：国际合作

海关应将海关间的合作和伙伴关系拓展至跨境电

子商务领域，以确保守法和便利。

▰ 技术说明

① 国际协议和合作安排

海关应促进与其他国家海关及其他政府部门在各个层级上一致的合作。

海关应通过国际协议或安排（如《海关事务中的行政互助海关合作(CCMAA)》）建立包括跨境电子商务在内的合作伙伴关系。

国际合作对发现、预防和打击瞒骗行为，尤其是低报价格这一电子商务中常见的商业瞒骗形式，至关重要。

② 强化协作

过去，海关往往把重点放在目的国的进口商身上，将他们作为守法和缴纳关税及其他税费的法律主体。在跨境电子商务的背景下，应加强海关之间的合作协议，开展协查和联合调查。

中欧安全智能贸易航线试点项目（SSTL，简称"安智贸"），将智能（高质量）数据从出口国海关发送到进口国海关。这些智能数据，加上安全的（施封的）进出口货物，形成了一道更加可信任的供应链。

海关还应充分利用世界海关组织地区性机构，特别是地区情报联络处（RILOs），通过海关执法网络（CEN）共享与电子商务有关的查获信息。

（六）公众宣传推广和能力建设

1. 导言

在由跨境电子商务驱动的贸易扩散时代，任何人都可能成为贸易商——买家或者卖家，并且可以在这两个角色间无缝切换，因此越来越有必要建立一个宣传机制，让这些新兴贸易群体更好地了解并遵守各类监管规定。这个机制涉及内容很多，特别应当包括强有力的宣传和推广活动，同时加强培训和能力建设。

2. 标准

标准 13：沟通交流、公众宣传推广

海关应通过全面公众宣传、沟通交流、教育推广等活动，让消费者、公众和其他利益攸关方了解跨境电子商务监管要求，以及从事跨境电子商务活动需承担的风险和责任。

 技术说明

① 法律法规发布

海关应在其网站上公布所有与海关和其他跨境电子商务有关的法律、法规和程序信息（如禁止/限制、最低起征点和低价值货物免征额等）。理想情况下，这些信息应至少以一种国际语言提供。

世界海关组织应与其他相关国际机构合作，制定各国公布的禁限货物清单，以确保所有国家都了解当前和新出现的贸易禁限措施。

② 公众宣传和沟通交流

海关应加强公众宣传，提高贸易便利化水平，应对税收、公众和国家安全的潜在风险（如货物安全），促进电子商务供应链符合海关政策和其他法规。海关应与其他相关政府机构合作，通过各自网站提供明确信息，向所有利益攸关方宣传安全要求、税收和知识产权法规。这些信息应与利益攸关方共享，并通过所有可能的渠道传播，包括网站、大众媒体、社交媒体、新闻刊物和贸易/行业协会或社会团体。

海关应向电商企业/平台、物流企业、邮政运营商和快递公司提供相关的监管、守法和安全信息，以便通过其自身的平台和合作伙伴网络进一步传播，以有效地将信息分享给各自的用户或客户。

海关应在法律许可范围内，寻找机会直接向信得过的电商企业/平台、中介机构（如快递服务提供商和邮政运营商）和其他利益攸关方披露有关非法电子商务活动的信息。这些信息可包括非法贸易的交易模式和违法网站。

作为公众宣传的一部分，海关还应通过其官方网站公布与安全有关的货物查获情况，以帮助利益攸关方避免出售、购买和携带类似货物。

（七）测量和分析

1. 导言

跨境电子商务的准确测量是制定科学政策和做出商业决策的关键。此外，判断趋势、模式和新兴业态有助于更好地进行风险管理。

2. 标准

标准 14：测量机制

海关应与相关政府部门一起，与电子商务利益攸关方密切合作，根据国际统计标准和国家政策，准确获取、测量、分析和公布跨境电子商务统计数据，以便科学决策。

 技术说明

① 测量范围

跨境电子商务货物的统计应尽可能涵盖所有参与国际贸易各方间的交易，包括 B2C 和 C2C 交易。

跨境货物的统计应尽可能涵盖国际贸易的所有因素，包括地理位置、产品类型、数量（包括单位）和货物价值。如有可能，还应包括运输方式、退货信息，以及任何其他相关数据。

② 数据来源和测量

数据测量的主要来源包括海关、物流企业、邮政和快递运营商以及电商企业／平台的各个系统。由于各国法律不同，不是所有国家的相关系统目前都可以成为数据来源。

在收集电子商务货物统计数据时，可以根据国家政策和涉及的交易类型采用不同的方法。

应鼓励海关开发一个通用的测量系统，利用世界海关组织数据模型收集数据，以确保所有国家获得高质量、可靠、可比较的统计数据。

此外，还应鼓励海关在收集数据用于统计和政策分析时不给电子商务利益攸关方造成额外负担。

跨境电子商务货物的测量应尽可能遵循《2010年国际商品贸易统计：概念和定义》（IMTS2010）中列明的商品贸易统计国际标准。此外，世界海关组织、各国海关和国家统计局应尽可能遵守并参与制定跨境电子商务的国际统计标准。

（八）变革性技术的使用

1. 导言

电子商务的动态性和全球性要求各国政府积极主

动应对并具有前瞻性思维,利用未来技术为新出现的电子商务挑战提供解决方案。需要持续创新,如加强与企业和学术界的合作。

2. 标准

标准 15:探索技术发展和创新

海关应当与其他相关政府部门、企业和学术界合作,探索创新技术发展,并考虑这些发展是否有助于更加严密、高效地监管和促进跨境电子商务的发展。

 技术说明

① 加强合作

海关和其他边境和税收机构应定期在国家和国际层面与电子商务利益攸关方进行磋商和合作,发现和探索促进贸易便利化、加强风险评估和跨境电子商务监管的新兴技术和创新解决方案。应注意的是,任何技术创新和新技术的购买都必须经过法律审查,而且需要时间。

海关应认识到现代信息和通信技术在跨境电子商务发展中的重要作用。他们应与利益攸关方合作,寻找新技术带来的机遇,包括物联网(IoT)、机器学习、区块链和云计算。

② 利用新技术

海关对邮件和包裹的检查从风险评估开始,然后使用检测技术，必要时以实物查验结束。有些威胁可由现有的技术手段检测发现，但这些技术手段的应用几乎都在企业业务流程之外。海关工作的现实情况是威胁不断增多、时间要求不断提高、电子商务业务量膨胀和海关工作人员数量减少，所有这些特点决定了海关采用灵活、自动化、广泛适用并且经过验证的检测技术体系。为了实现这一目标，应该鼓励海关研究开发自动检测技术体系并及时应用，该技术体系经证明能够自动检测大范围的威胁材料和物品。

③ 持续合作创新

应鼓励世界海关组织和其他相关政府间组织继续合作，与企业和有关行业定期交流研讨电子商务环境下新的信息交换解决方案。

文件2 定 义

为实施本标准框架,特确定以下定义。

跨境电子商务:通过计算机网络(如互联网)以数字方式实现的所有交易,由此产生实际货物的流动并需要办理海关手续。

电子商务利益攸关方:参与电子商务交易的一方,可能包括卖方/电商、平台、买方/消费者、代理人、快递承运人、物流提供商、邮政运营商和支付服务商。

低价值货物:世界海关组织《即刻放行指南》中的第2类和第3类货物。

承运人:实际运输货物或者负责运营运输工具的人。

文件3 电子商务商业模式

目前主要有三种电子商务商业模式：自营模式、平台模式和综合模式。

（一）自营模式

自营模式是电商企业自主在线销售模式。电商企业通常拥有自己的网站，在其网站上提供相关资讯和友好界面，展示、销售其商品。电商企业通过物流运营商将商品送到最终消费者手中以完成交易。

自营模式的特点为电商企业自己运营网站，这些网站通常是自己建设、自己拥有、自主运营。他们通过互联网为消费者提供信息共享、交易、订单确认、沟通联系、网上银行支付或第三方支付等服务。电商企业可以自行生产或采购商品，有时也代销商品。商品通常通过消费者选择的电商自有供应链或物流合作方交付给最终消费者。进出口、仓储、售后等物流业务、网站信息的准确性、商品质量以及交易过程中出现的问题，由电商企业自行管理和控制。

自营模式主要用于品牌官方网站，包括网上商城。

（二）平台模式

电商平台模式是指由电商平台为在电商平台网站上销售商品的电商企业提供设施和服务。电商平台为电商企业整合信息流、货物流、资金流。电商平台在电商企业和消费者完成交易后收取佣金和服务费，但不销售商品。

电商平台有两种主要类型，分别为"市场型"和"导购型"。"市场型"是电商平台作为一个在线市场来吸引商家和消费者的地方：平台给各售卖商家分配点击入口，入驻的商家通过网站展示商品并与消费者互动，从而得到消费者订单。商家和消费者之间的交易由平台进行处理，平台通常提供包括在线支付、进出口手续、物流、广告、保险、消费者保护等中介服务。

"导购型"是电商平台通过将消费者的需求与商品相匹配，引导他们完成购买过程。该类型的核心要素是提供信息：将各种平台的详细商品信息和价格信息充分整合，帮助消费者在做出决定之前轻松浏览和货比多家。

由于电商平台提供的中介服务，平台和电商企业两者都可以更加专注于自己的角色。这使得中小微企业和个体企业很容易成为电商企业。一般来说，电商平台主要负责平台服务，更关注用户界面和用户体验优化，以方便消费者选购到需要的商品。同时，电商企业则能够更加专注于商品质量和市场营销。

（三）综合模式

综合模式是自营模式和电商平台模式的结合。

综合模式运营者可能有自有业务，类似"自营模式"，即自购自销。同时，也引进商家入驻平台，以便他们在网站销售商品。因此，综合模式运营者需要在负责销售自己商品的同时，为入驻商家提供服务。

一些综合模式运营者拥有自己的支付、进出口手续、物流、广告、保险、消费者保护等服务，他们可能要求入驻商家在交易中使用这些服务。

文件 4 跨境电子商务流程图示例

跨境电子商务企业对消费者，消费者对消费者（B2C, C2C）综合流程示例如图 1-1 所示。

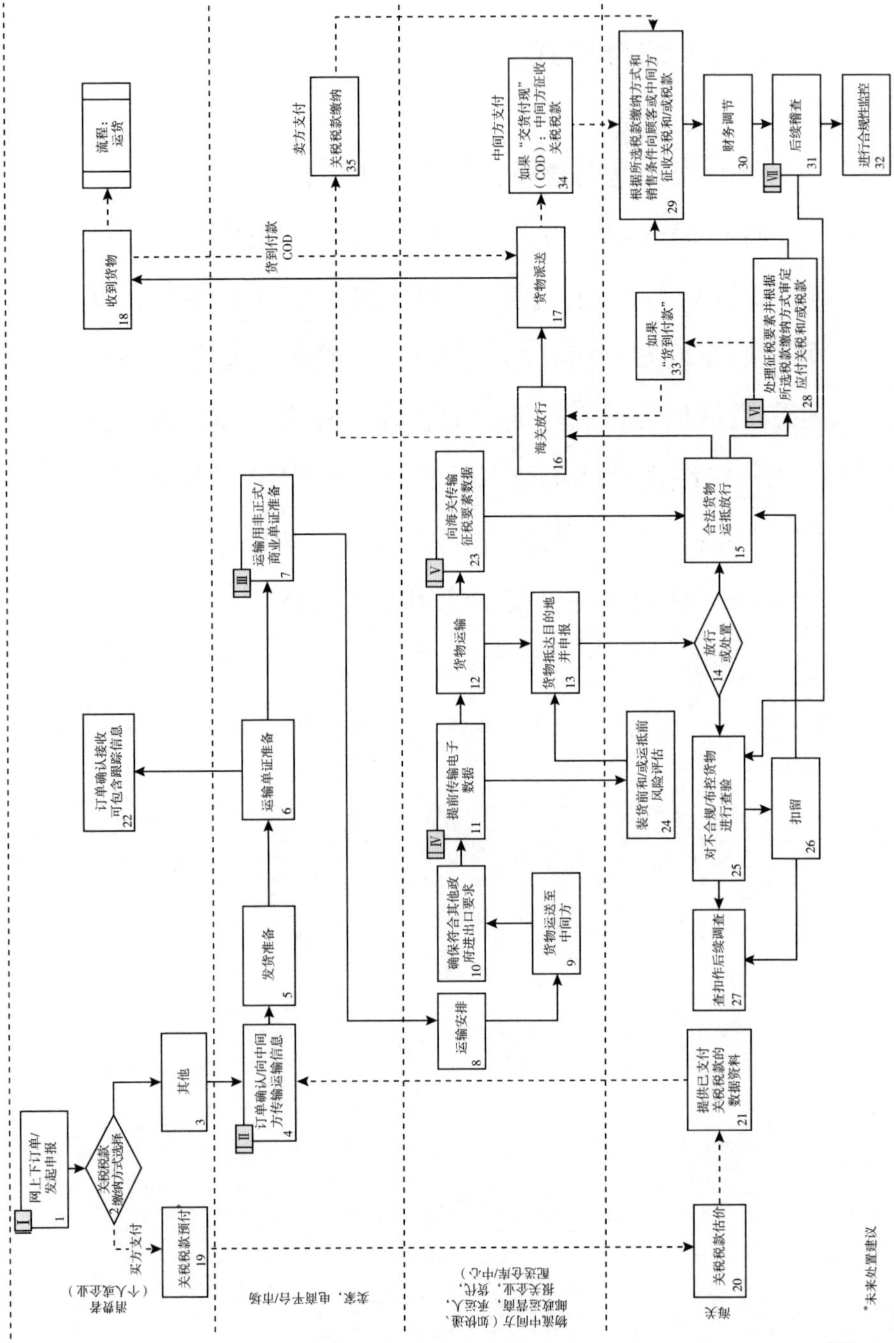

图 1-1 跨境电子商务（B2C, C2C）综合流程图

表 1-1 为从网上下订单、订单确认、准备运输单证等环节所产生的数据项示例，但本表未包含所有要素，也未包含所有数据项，仅供参考。

表 1-1 跨境电子商务（B2C，C2C）供应链关键数据项

	订单	卖方	收货人	货物	价格
I. 网上下订单/发起申报	编号	电商平台/市场名称	姓名	货物描述	币制
	订货日期		地址	销售货物（物品）货号/名称	单价
			电话	原产国	总价
				重量（千克）	运费
				数量	

	电子支付服务提供者	卖方	付款人	支付
II. 订单确认/向中介机构传输运输信息	名称	电商平台名称	姓名	支付总金额
	支付日期		支付方式/方法	币制
	支付时间		电话号码	价格

	编号	日期	姓名	收货人	货物	费用
III. 运输用商业单证准备	包裹编号	抵达卸货地日期	物流服务提供商名称	姓名	货物品名	币制
	物流运单编号	装运日期	配送服务提供商名称	地址	包装数量	运费

续表1

编号	日期	姓名	收货人	货物	费用
		承运人身份	电话号码	总毛重	其他费用（如保险费等）
				净重（千克）	
				原产国	
				启运国	
				包装种类	
				数量	

	编号	日期	收货人	运输	货物
IV. 提前数据传输	包裹编号	抵达卸货地日期	姓名	运输方式	货物简要描述
	物流运单编号	装运日期	地址	进境港口	包装数量
	提运单号		电话号码	物流运单编号	总毛重
					净重（千克）
					原产国
					启运国
					包装种类
					数量
					销售货物（物品）编码（商品编码）

续表 2

	编号	日期	订货人/发货人/收货人	运输	货物	价格信息
V. 向海关传输综合账务数据	包裹编号	抵达卸货地日期	姓名	运输方式	销售货物（物品）编号（商品编码）	币制
	物流运单编号	装运日期	地址	进境港口	包装数量	单价
	提运单号	申报日期	电话号码	物流运单编号	总毛重	总价
	订单编号			船舶编号/航班号	净重（千克）	运费
				航次	原产国	其他费用（如保险费等）
					数量	
					许可证	
					证书	
					发票（及相关号码）	

	税率	货物	价格信息
VI. 处理征税要素并根据所选税款支付方式计算应付关税和/或税款	关税/税款税率	销售货物（物品）编号（商品编码）	币制
		包装数量	单价
		总毛重	总价
		净重（千克）	运费
		原产国	其他费用（如保险费等）
		数量	
		发票（及相关号码）	

续表 3

VII. 后续稽查	名称	货物	识别码	其他
	卖方或供货商名称和地址/身份证	销售货物（物品）编号（商品编码）	报关单号，例如，全部代码或简化代码	货物揽货方（如果揽货方不同于快件业务承运人）
	买方名称和地址/身份证	包装数量	物流公司系统身份识别代码	发票价格
		总毛重	买方识别代码/贸易商识别代码	
		净重（千克）	不同于收货人地址的运输地址识别代码	
		原产国	国际订货业务使用的货物识别代码	
		数量	现有发票信息的识别代码	
		发票（及相关号码）	配送公司系统身份识别代码	

跨境电子商务进口数据流程示例如图 1-2 所示。

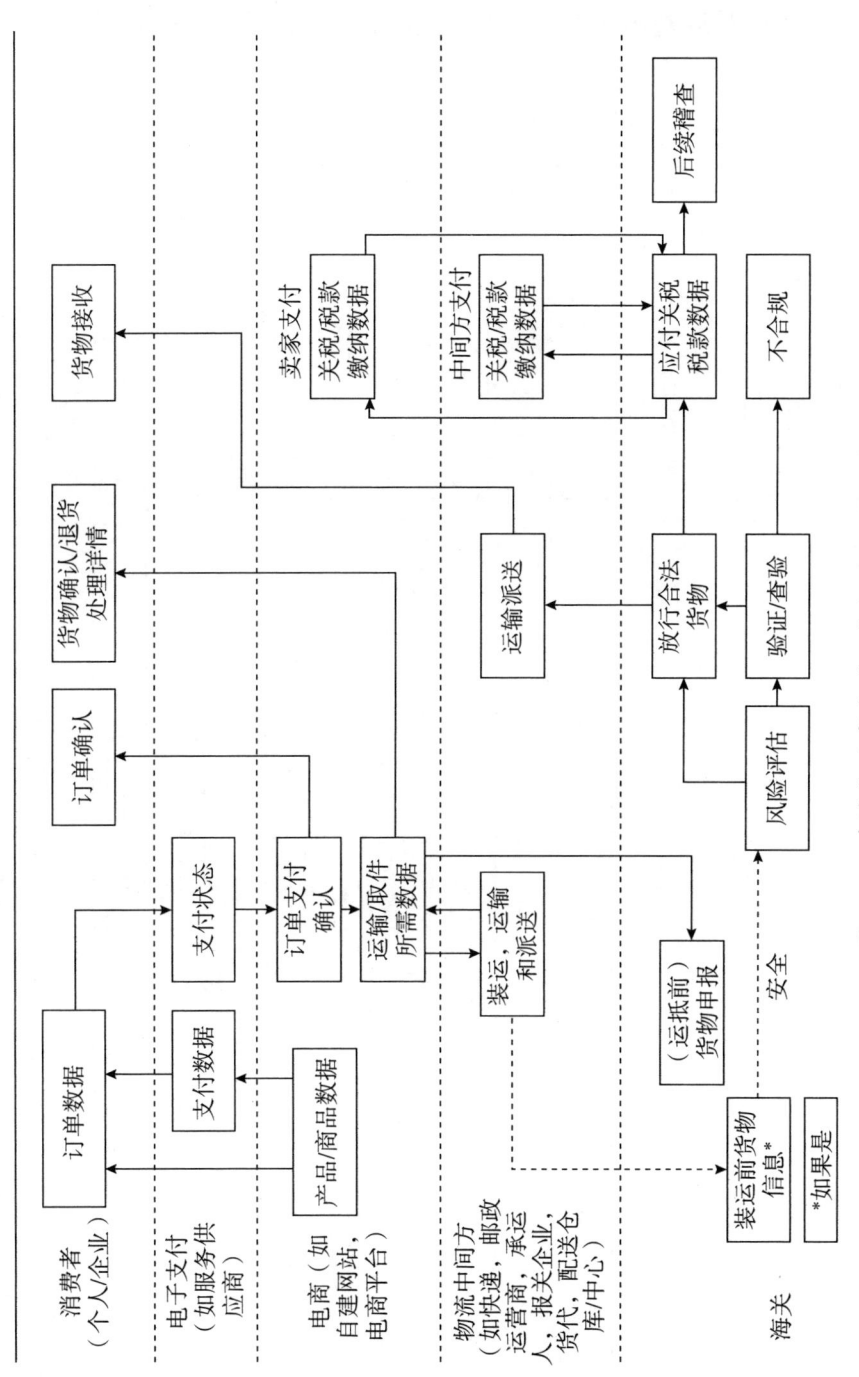

图 1-2 跨境电子商务进口数据流程示例图

以加拿大为例的跨境电子商务：企业对消费者，消费者对消费者（B2C, C2C）流程如图1-3、1-4所示。

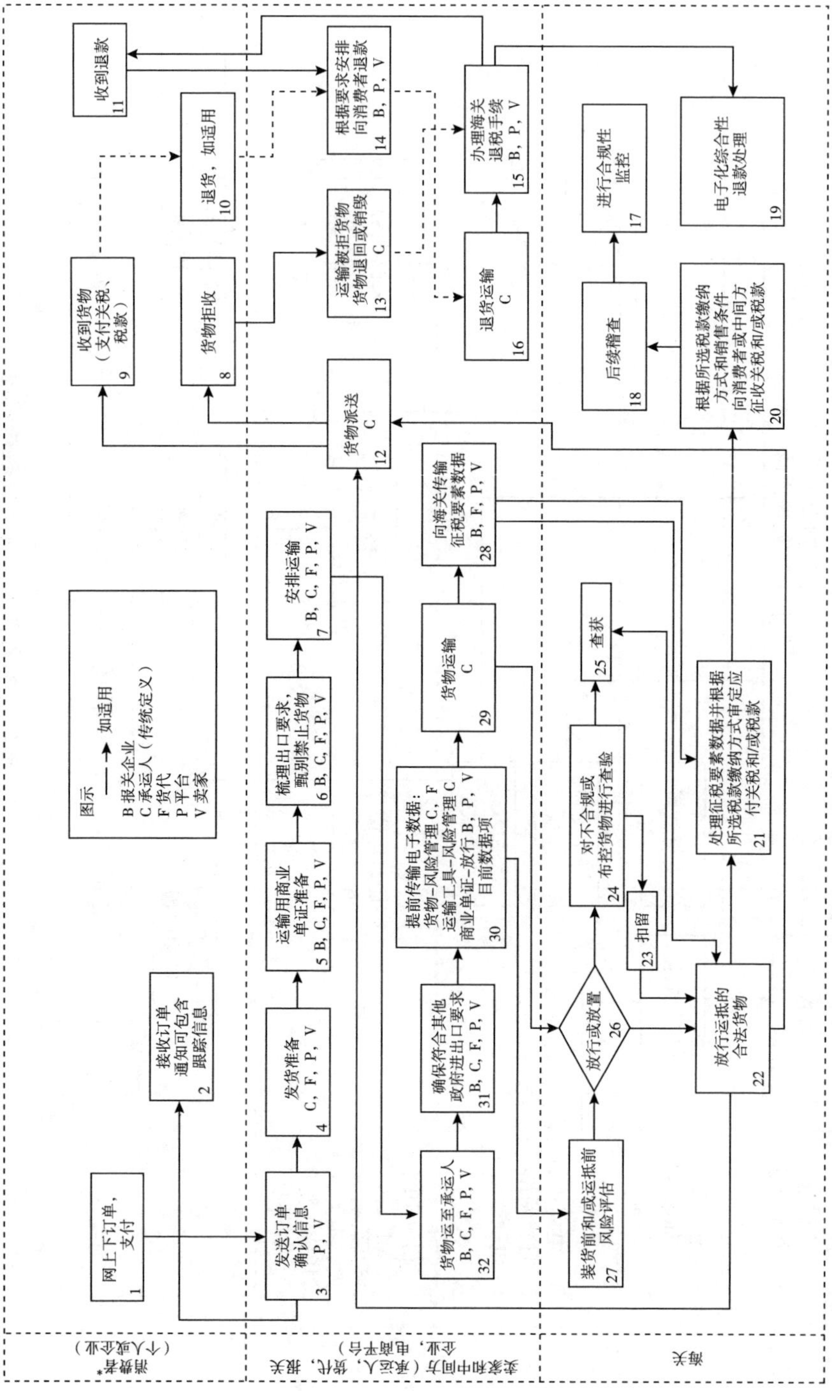

图1-3 以加拿大为例企业对消费者（B2C）、消费者对消费者（C2C）的跨境电子商务流程图

*为责任和守法之目的，电商平台或卖家可视作实际进口商（在非居民进口商法律框架下）

加拿大低价值货物申报要素：

1. 承运人生成的唯一识别码；

2. 收货人的姓名和地址；

3. 进口商的姓名和地址（如与收货人的不同）；

4. 发货商、出口商或卖方的名称和地址；

5. 数量；

6. 货物重量；

7. 以加拿大元计的完税价格；

8. 货物描述；

9. 原产国。

货物总量也必须在货物放行清单上注明。

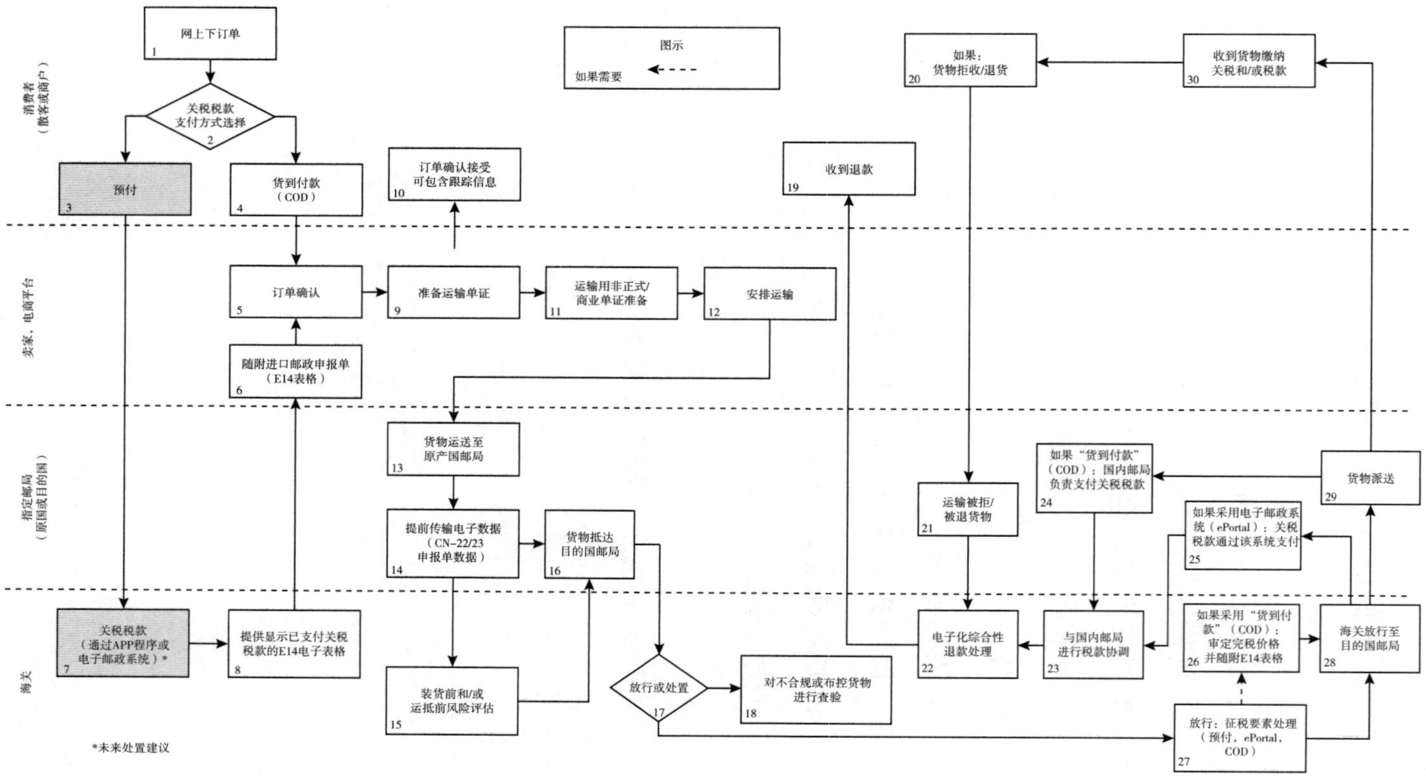

图 1-4 以加拿大为例企业对消费者（B2C）、消费者对消费者（C2C）的跨境电子商务（邮递渠道）流程图

CN22 申报单：

1. 指定运营商

2. 礼品、单据、货物销售、商业样品、退货，其他

3. 内装货物的数量和详细描述

4. 净重

5. 价值和货币币种

6. 海关 HS 编码

7. 原产国

8. 总重量（千克）

9. 总价值

10. 寄件人的签名及日期

CN23 申报单：

1. 寄自：姓名、企业、街道、邮编、城市、国家

2. 寄往：姓名、企业、街道、邮编、城市、国家

3. 进口商编码（如有）（税号/增值税号码/进口商代码）（选填）

4. 进口商电话/传真/电子邮件(如有)

5. 内装货物内容的详细说明

6. 数量

7. 净重

8. 总毛重

9. 总价值

10. 货物类别：礼品、单据、商业样品、退货、

货物销售、其他，说明。

11. 备注
12. 证件号码
13. 证书
14. 发票号码
15. 只适用于商业性质货物
16. 海关商品编码
17. 原产国
18. 交存日期及原产国邮局
19. 邮费／费用
20. 日期及寄件人签名

文件 5　退货流程图示例

退货流程示例如图 1-5 所示。

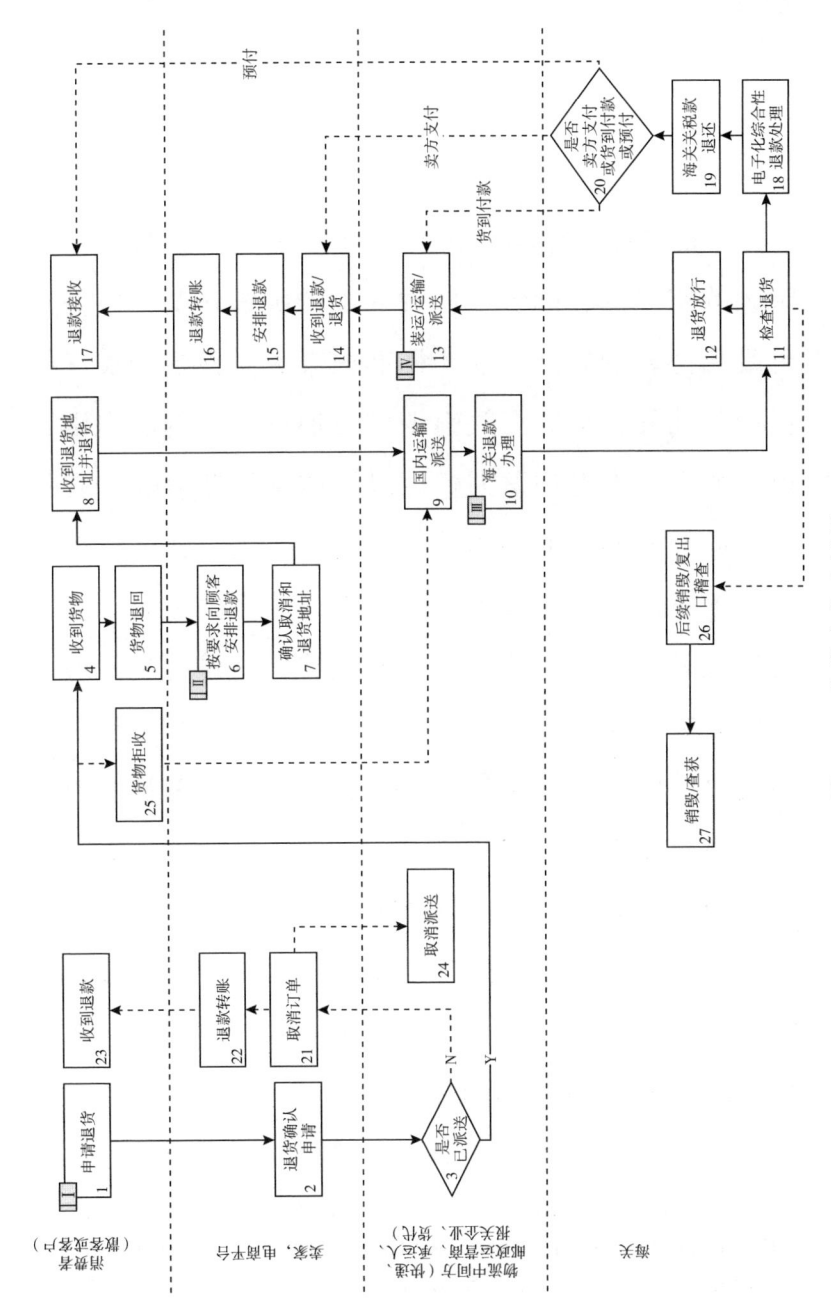

图 1-5　退货流程示例图

文件6 《世界海关组织跨境电子商务标准框架》实施战略、行动计划和能力建设机制

有效实施《标准框架》需要一个全面的战略和明确的路线图,确定实施过程中的关键环节,以分阶段和协调的方式实现《标准框架》中设定的最终目标。此外,世界海关组织成员根据各自的工作重点、能力、人力和财力资源以及内部程序表现出实施《标准框架》的强烈政治意愿,因此,各成员海关和电子商务利益攸关方(特别是中小微企业)应得到强有力的能力建设机制的支持。世界海关组织理事会关于实施《标准框架》的世界海关组织理事会决议①中也明确了实施方法、成员期望以及能力建设要求等要素。

然而,制定全面的实施战略,特别是制定行动计划,需要一定程度成熟的技术说明,以确定实施过程中的相关步骤,使实施工作符合框架标准。实施战略和能力建设应包括以下主要内容:

---

① http://www.wcoomd.org/-/media/wco/public/global/pdf/about-us/legal-instruments/resolutions/resolution-frameworke_commerce.pdf?db=web

(一) 实施战略

◇ 分阶段实施方法。

◇ 标准的优先顺序：遵循《标准框架》的顺序，同时在不妨碍《标准框架》协调实施的条件下，根据国家优先顺序和要求灵活定制。

◇ 将实施意向书发送给世界海关组织，以实施《标准框架》。如果提出请求的成员已经在实施为各成员定制的墨卡托计划并取得成效，则应书面申请在原定的实施计划中增加电子商务《标准框架》内容。

◇ 世界海关组织及其成员将定期监测和评估实施情况（使用明确和可衡量的指标进行评估，不仅在活动/投入层面，还包括结果/产出层面）：

○ 参加评估会议；

○ 定期向世界海关组织提交进度报告；

○ 定期诊断和评估。

◇ 为此，建议利用包括常设技术委员会（PTC）、执法委员会（EC）和能力建设委员会（CBC）在内的世界海关组织相关机构，就实施经验和面临的挑战交换意见。

◇ 由于电子商务的动态特性，需定期评估

有关标准和技术说明。

◇ 实施战略将在附录中包含详细的行动计划/路线图。

○ 行动计划将为每个标准明确关键环节/步骤，以帮助评估实施情况；

○ 采用一般时间表（如特定标准的实施需要2至5年）：在此阶段无须制定精确的时间表，因为开始实施的具体时间取决于成员何时告知世界海关组织其将实施《标准框架》；

○ 建立一个管理机制，支持世界海关组织成员和电子商务利益攸关方实施《标准框架》，确保符合框架要求，并与其他标准的实施有机结合、融会贯通。管理机制的一个重点是保持技术实施的一致性。它还应反馈实施经验，使得《标准框架》与时俱进，特别是数据标准。可以考虑建立数据标准的永久维护和支持小组；

○ 实施时间及各阶段时间安排由世界海关组织成员根据各自资源情况确定。

（二）能力建设

◇ 适用世界海关组织能力建设原则，包括

能力建设战略中提出的政治意愿和成果实现方式。同时与贸易便利化议程和世界海关组织墨卡托计划联系起来。

◇ 根据各地区/各国经济情况确定电子商务在经济发展中的重要性/相关性。

◇ 文件还需要确定所需要的可持续能力建设措施，例如：

○ 评估现有的国家电子商务环境；

○ 与《标准框架》中的每条标准相关的差距分析；

○ 在适当的情况下诊断（自我诊断或由世界海关组织诊断）对国家法律和行政法规及程序的可能修改（可以开发和提供诊断工具）；

○ 评估业务需求，特别是对于中小微企业；

○ 努力实现《标准框架》的全面实施。

◇ 世界海关组织和成员自愿提供能力建设和技术援助。

◇ 适当时，基准测试可用于评估实施情况。

◇ 实施主体。

○ 承诺实施《标准框架》的成员；

○ 中小微企业，例如通过世界海关组织学院组织的企业；

○ 其他。

◇ 举办全球会议分享经验、专业知识，并

从实施的角度反映框架情况。会议成果将提交工作组审议并最终更新/修订框架。

◇ 举办区域研讨会，使成员了解《标准框架》，提高对实施《标准框架》的认识，宣传成员最佳实践。

◇ 组织参观访问、研讨会和培训班。

◇ 对于有意愿的成员，可以根据自我诊断或诊断的结果提供量身定制的支持。支持的范围和方式（如培训、技术援助和咨询）将根据成员需求和资源情况确定。

◇ 在提供能力建设方面，应鼓励与所有相关的电子商务利益攸关方进行协调。

◇ 能力建设支持将：

○ 以结果为导向，并通过明确设定的绩效指标进行衡量；

○ 与世界海关组织能力建设战略保持一致，并注重建设可持续能力，掌握现代化和改革进程；

○ 确保培训活动与世界海关组织培训战略保持一致，并采用多管齐下的分层方法（如电子学习、专家现场培训、教师现场培训）；

○ 采用世界海关组织特有的专家（世界海关组织认可的成员专家）动员机制。

文件 7 税收征管案例研究

案例一 澳大利亚低价值进口商品[①]

(一) 概述

1. 模型概述

澳大利亚立法通过并实施了一个卖方征税模式,自 2018 年 7 月 1 日起对低价值进口商品征收商品和服务税(GST)。之所以选择这一模式,是因为希望它缩小进口零售低价商品和国内零售低价商品之间的税差,同时也因为它对进口商品的消费者预计影响最小。卖方征税模式将收取和缴付商品和服务税的责任交给海外卖家。这种模式的行政管理成本较低,但由于商业运营发生在外国管辖区,要确保严格遵守困难很大。

澳大利亚也考虑了低价值进口商品卖方征税模式的替代方案,但最终没有采纳。澳大利亚政府的独立研究和咨询机构生产力委员会(Productivity

---

[①] 低价值进口商品,指 1000 澳元或以下的进口商品。

Commission）认为，卖方征税模式最适合澳大利亚。该模式参考了对向澳大利亚消费者提供服务和数字产品的离岸供应商征收商品和服务税（GST）的模式，并在此基础上进行了调整。这一模式要求海外卖家、在线交易平台和转运/代购企业对卖给澳大利亚消费者的低价值进口商品计算、征收和缴付商品和服务税（GST）。作为一项税收倡议，澳大利亚税务局（ATO）负责管理这项措施。

澳大利亚模式在进口时不收取商品和服务税（GST），而是在所有低价值进口商品（不包括酒精和烟草产品）销售时计征商品和服务税（GST）。酒精和烟草制品在本案例研究中不涉及。

以下商业行为，可免于对低价值商品征收商品和服务税（GST）：

◇ 每年向澳大利亚消费者销售价值不到75000澳元的应税商品（包括低价值商品）；

◇ 海外业务只进行企业对企业的销售；

◇ 企业已注册，且其买方提供澳大利亚商业编号（ABN）和其商品和服务税（GST）登记证明。

2. 备选征税模式

澳大利亚也探讨了此次立法确定的征税模式之外的模式。这些模式包括：

◇ 承运人征税模式，即快递代理从进口商处收取并缴付商品和服务税（GST）。该模式将计算和征收商品和服务税（GST）的责任交给了快递实体企业。由于快递代理在澳大利亚法律管辖区内开展业务，而且守法和按照要求征收税款的可能性很高，但考虑到行政成本和企业合规性负担较重，这一模式并不可行。

◇ 澳大利亚目前采用的是传统的边境征税模式，对价值超过1000澳元的进口商品征收商品和服务税（GST）、关税和其他间接税。在低价值进口商品上采用同样的征税模式将导致行政和合规成本大增，甚至超过征收的税款。

◇ 金融中介征税模式可以要求澳大利亚法律管辖范围内的实体承担征收商品和服务税（GST）的法律责任。但当前的支付系统无法收集足够的信息承担该责任。

澳大利亚生产力委员会最后得出结论，卖方征税模式是最适合澳大利亚的商品和服务税（GST）征税模式。

3. 统计

自2018年7月1日澳大利亚实施了低价值进口商品的商品和服务税（GST）后，该措施目前没有统计数据。

4. 法律框架

商品和服务税（GST）是澳大利亚税法的一部分，由澳大利亚财政部和税务局管理。授权将商品和服务税（GST）应用于低价值商品的立法是1999年颁布的新税制（商品和服务税）法案。

自2018年7月1日起，澳大利亚法律要求对澳大利亚消费者从海外卖方购买的大多数低价值进口商品支付商品和服务税（GST）。该法还要求海外卖方对向澳大利亚消费者销售的低价值商品收取商品和服务税（GST），并将税款缴付澳大利亚税务局。

5. 最低起征点

澳大利亚已将商品和服务税（GST）的起征点降

低至零，但出于其他原因，边境的最低起征点仍为1000澳元。在本研究进行时，澳大利亚没有计划调整最低起征点。

（二）背景

在2018年7月之前，澳大利亚对进口的低价值商品免收商品和服务税（GST）。这引发了人们对"澳大利亚零售商的竞争劣势、税收中立性受损以及导致税收损失"[①]的担忧。

为了恢复平衡，澳大利亚政府就如何保持商品和服务税（GST）征收的一致和如何对低价值的商品进口征收商品和服务税（GST）进行了广泛研究。澳大利亚议会随后通过立法，从2018年7月1日起将商品和服务税（GST）的征税范围扩大至销售给澳大利亚消费者的低价值进口货物。

生产力委员会于2011年评估了现有边境征税模式是否可以征收低价值进口商品，委员会的结论是征税成本将远远超过所征税款。随后有建议被提出，原则上无论在国内购买的商品还是进口商品都应适用同一税收政策，因此有必要对这些低价值进口商品征收的商品和服务税（GST）成本效益核算进一步调研。

---

① 低价值进口商品的GST征税模式，生产力委员会查询报告（2017年第86号），第17页。

（三）过程描述

澳大利亚的卖方征税模式将商品和服务税（GST）的征收责任交给了商品供应商。这一过程的概述如图1-6所示，低价值商品的商品和服务税（GST）征收过程如图1-7所示。

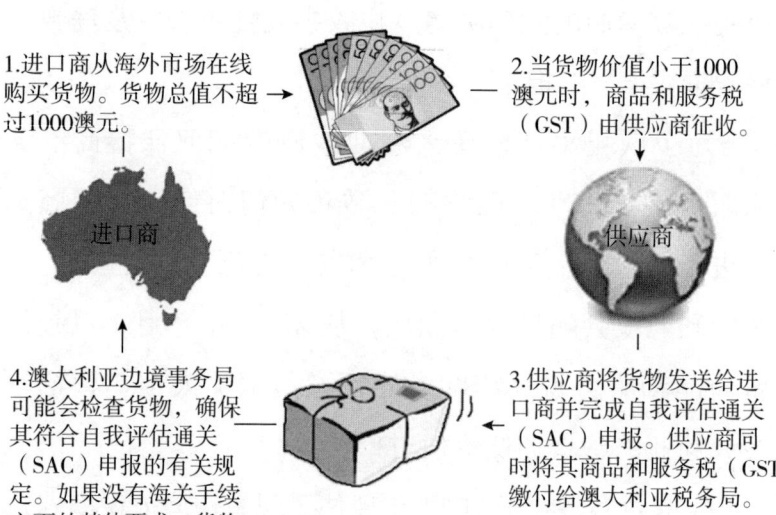

图1-6　澳大利亚的卖方征税模式

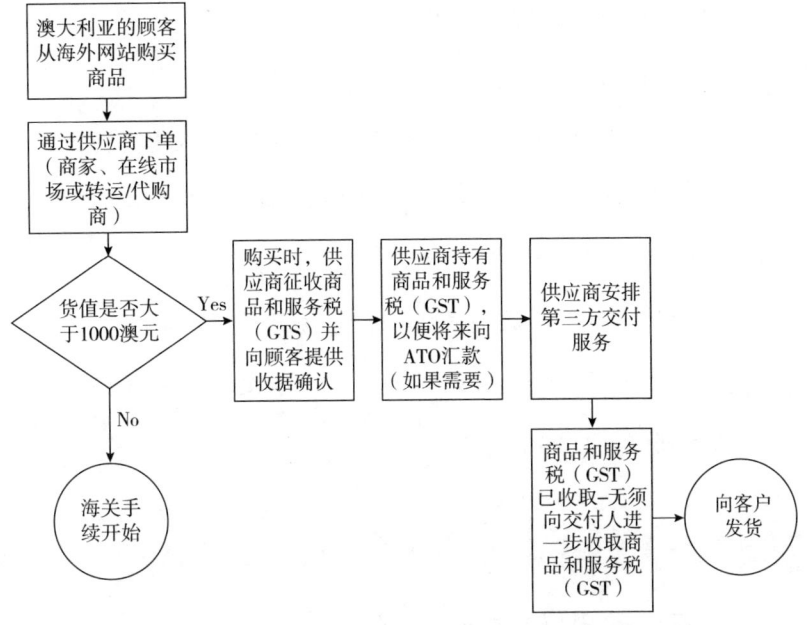

图 1-7 低价值商品的商品和服务税（GST）征收过程

（四）立法模式的好处和挑战

立法模式的好处包括：

◇ 在销售环节而非在边境收取商品和服务税（GST）可避免贸易流中断，将合规和管理成本降至最低。

◇ 允许边境机构和承运人专注于保护边境和交付货物。

◇ 国内企业从公平竞争中获益。

立法模式的挑战包括：

◇ 运营商必须进行必要的调整以收集额外的商品和服务税（GST）信息，确定注册的商品和服务税（GST）供应商。

◇ 运营商必须对海外卖方进行宣传培训，使其熟悉如何适用该模式，如何收取和缴纳商品和服务税（GST）。

（五）合规与未来发展

这项改革受到了两项政府审查：一项由澳大利亚参议院经济立法委员会审查，另一项在法律通过后由澳大利亚生产力委员会审查。

◇ 参议院经济立法委员会的审查举行了公开听证会，收到了34份提案，其中包括来自反对改革的主要市场的提案。委员会最后建议通过该法案。

◇ 生产力委员会于2017年对该模式进行了进一步审查。最终报告考虑了如上所述的一些潜在的商品和服务税（GST）征收模式。该报告可从以下网址获取：https://www.pc.gov.au/inquiries/completed/collection-models/

report/collection-models.pdf

目前,所有主要平台和供应商均已注册,并符合商品和服务税(GST)的征收和缴付要求。

1. 客户参与

该变革影响到与澳大利亚客户开展业务的全球实体,为顺利实施该变革提供了新思路。澳大利亚税务局与全球会计师事务所、运输公司、报关行和协会组织进行紧密合作。尽管低价值商品的变化不要求上述单位收取商品和服务税(GST),但他们在供应链中的地位意味着他们与每天使用其服务的企业有着广泛和可信任的关系。澳大利亚税务局为海外企业联合举办了一系列网络研讨会,其中一次有2000多名与会者听取了中文演讲。

2. 如何遵守澳大利亚税务局(ATO)相关法规

澳大利亚税务局(ATO)合规方法包含以下原则:

◇ 根据第三方财务数据和海关数据确定潜在的商品和服务税(GST)代收者(包括不通过或仅部分通过在线市场销售),并与他们直接接触；

◇ 制定指引，协助理解新法律的运作；

◇ 推动非居民的简化登记制度；

◇ 提供全面的沟通策略，包括针对性的邮件发送、专用网页（包括中文）、国际公共关系（通过外部合作伙伴），以及与企业、咨询公司和运输公司的直接面对面的国际接洽；

◇ 在法律实施的前12个月内暂停罚款和收取利息；

◇ 实施一项合规战略，允许在合理的基础上进行税收评估（由第三方交易数据源支持，并使用税务协定中的信息工具交换）。

3. 可采取的合规行动摘要

为确保守法，澳大利亚税务局可：

◇ 通过将从内政部／澳大利亚边境事务局获得的数据与其他来源的数据进行比对，确定海外卖方及其商品的价值；

◇ 登记非居民企业并发布违约评估；

◇ 利用澳大利亚的国际条约交换信息并寻求帮助收回税收债务，以及行使其他法定举措以阻止缴款从澳大利亚流出。

◇ 关于澳大利亚税务局（ATO）合规方法的更多详情，请访问 www.ato.gov.au

（六）附加或最终评论

对低价值进口商品征收商品和服务税（GST）仍处于起步阶段。

正如生产力委员会调查报告所强调的，将于2023年对立法模式进行另一次全面审查，其中将考虑：

◇ 立法模式的绩效；

◇ 合规率，如果不可持续，如何改进；

◇ 考虑到技术进步和政策发展，是否存在一种替代征税模式可给英联邦带来更大的利益。

案例二 欧亚经济联盟税收征管模式

（一）概述

欧亚经济联盟（EAEU）关税和其他税费的征收有两种方式：买方/消费者征税方式和中介征税方式。

无论电子商务如何发展，一般均使用这两种方式。

这些方式适用于所有进出口货物，包括以邮递或快递方式运输的电子商务货物。

根据第一种方式，申报人/买方/收件人提交报关单，并缴纳进口货物的关税和其他税费。如果是跨境电子商务邮政运营商或快递公司交付货物，则必须由买方申报并缴纳关税和其他税费（如果货物价值高于最低起征点）。因此，每个包裹都必须单独申报，产生的任何税费都必须由买方缴纳。

第二种方式规定，关务代理可以申报货物，计算（评估）关税和其他税费（如适用），并将其缴纳至海关。对于跨境电子商务，此类业务由承运跨境电子商务货物的邮政运营商或快递承运人等中介机构办理。

中介征税方式有助于改进通关流程，特别是在货物申报和跨境电子商务货物相关关税和其他税费的缴纳方面，因为快递承运人和邮政运营商每天运输的大量包裹必须办理相关海关手续。

在电子商务货物中介征税方式的发展过程中，2017年和2018年，欧亚经济委员会（EEC）发布了委员会理事会通过的若干新决定，其中规定了快递货物报关的新模式（方式）以及相应的关税和其他税费缴纳模式。欧亚经济委员会的这些决定要求快递公司缴纳关税和其他税费。

如果价值超过最低起征点，则必须在货物放行前缴纳关税和其他税费（针对国际邮递物品，规则上有一些变化）。

1. 法案

《欧亚经济联盟海关法》（CC EAEU）规定了报关员或关务代理可以申报货物和缴纳关税及其他税费。这也适用于快件和国际邮递物品。

《欧亚经济联盟海关法》为这类货物制定了一系列便利化措施，例如，快递货物和国际邮递物品优先处理。

上述欧亚经济委员会的新决定涉及商业和个人快

递货物的申报。它们适用于快递货物的电子申报（快递承运人作为个人买方/收件人的海关事务代理提交快递货物的报关单）。假设电子申报所有必要的数据将主要以电子形式提交，这为自动化数据分析提供了更大的可能性，同时电子申报的形式还可以提高海关监管的有效性，并改进风险评估。

2. 最低起征点

欧亚经济联盟中有两种最低起征点：用于商业目的的货物和用于非商业目的（个人）物品的最低起征点。

商业用途货物的最低起征点为200欧元（等值的本国货币金额），已直接在《欧亚经济联盟海关法》中确定。如果货物海关估价低于200欧元（等值的本国货币金额），则无须缴纳关税或税款。

2019年前，个人使用货物的最低限额为1000欧元（等值的本国货币金额）。然而，鉴于电子商务的发展和大量低价值货物的增加，欧亚经济联盟修订了个人使用物品的最低起征点，并于2019年降低了最低起征点。

根据欧亚经济委员会（EEC）理事会的决定，自2019年1月1日起，起征点调整为500欧元（等值的本国货币金额）。

然而，欧亚政府间理事会的一项决定确认，个人使用物品的最低起征点必须在2020年减至200欧元（等值的本国货币金额）。此外，根据这一决定，各国可立法对此类物品征收附加税。

根据决定，欧亚经济联盟成员的立法机构也可以设定一个更低的最低起征点。在一些成员国中，最低起征点已经低于欧亚经济委员会（EEC）理事会决定的限值。

（二）背景

在电子商务繁荣之前，邮政和快递的包裹数量并不重要，因为商业货物占比很低。

跨境电子商务商品数量的巨大增长，带来了许多挑战，传统的申报缴税方式难以很好地解决这些挑战。

纸质货物申报和直接从每个买方/收件人处征收关税和其他税费效率低，且需要人工办理海关手续，也不可能全面使用风险管理系统。

所有这些因素都要求制定更合适的报关模式，包括便利化和有效的税款征收机制。此外，有必要建立一种不会导致跨境电子商务货物通关延迟的更有效的关税和其他税费评估和征收机制。

为解决这一问题，欧亚经济联盟成立了一个特别工作组，以改进有关快件和国际邮件的海关作业。工作组的主要目标是为跨境电商货物开发现代申报模式，包括计算和征收关税及其他税费的新方法。在2016年至2018年间，海关和商界对可能的改进方法进行了广泛讨论。工作组起草了三项欧亚经济委员会（EEC）决定，规定了快件货物报关的新模式，以及计算和征收适用关税和其他税费的新方法。这些决定于2018年下半年通过，于2019年7月1日生效。

（三）过程

自2019年7月1日起，同时作为关务代理（报关行）的快递承运人可以以电子形式提交快递货物的简化报关单，并代表个人收件人支付相应关税和其他税费。

快递货物的报关单可以在货物到达前提交，在这种情况下，个人收件人不必缴纳关税和其他税费。收件人随后可以在收到快递货物时，支付快递承运人之前代为支付的关税和其他税费。

如果货物是供收件人个人使用的，快递公司可以提交一份简化报关单，但报关单上最多不能超过500个包裹。如果货物的价值超过最低起征点，海关将使用特殊缴纳方式来计算（评估）应纳的关税和其他税费。缴纳所有关税和其他税费后，货物即可放行。

对于用于商业目的的货物，所有操作，包括适用关税和其他税费的计算（评估），也由快递公司办理。快递公司提交一份最多不超过500个包裹的简化报关单，并缴纳关税和其他税费。

（四）成效与挑战

新方法提高了便利化水平和税收征管效率，缩短了货物放行时间，在需要征收（缴纳）关税和其他税费的情况下提高了交货时间的可预测性，同时也提供了对消费者（买方/收件人）更有利的条件，因为在货物到达时（在边境）不需要缴纳关税和其他税费，从而减少对消费者的干扰或增加负担。

这种方法为快递货物提供了一种向自动通关过渡的方法，使其能够在不造成贸易中断或交货延迟的情况下征收关税和其他税费。

提交电子数据为建立多年来一直未解决的风险管理系统提供了机会。所有信息都可以输入海关信息系统，从而使全面使用海关软件工具成为可能。

由于相关数据由快递公司提供，而快递公司是海关了解的参与方（专业的利益攸关方），并且每天都与海关互动，因此能够确保数据更加准确，包括具体货物的价值数据。

无论他们是否有必要在边境缴纳关税和其他税费，个人买家/收件人收到包裹的时间都不会延迟。

因为金融中介机构没有必要的信息，因此可能无法协助海关估价等工作。

（五）未来发展

下一阶段是加强海关和邮政经营者之间的电子互动，因为很大一部分电子商务货物是作为国际邮递物品运输的。因此，需要考虑改进国际邮件海关作业方法。工作组是为支持改进快件和国际邮递物品海关作业而设立的，其部分工作是在2018年12月下旬召开了讨论这一问题的第一次会议。

另一项任务是确定快递公司和海关之间最有效的合作方式。AEO计划是最合适的机制，因为它是国际公认的工具。然而，这个问题仍在考虑之中。

案例三　巴西税收征管模式

（一）概述

1. 巴西和巴西海关概述

巴西国土面积为 850 万平方公里，几乎占南美洲的一半。巴西是由 26 个州、联邦区和 5570 个市组成的联邦制国家，人口超过 2.08 亿，官方语言为葡萄牙语。①

根据国际货币基金组织（IMF）2018 年 10 月的数据，巴西国内生产总值（GDP）为 1.93 万亿美元，是世界上第 9 大经济体。②

巴西联邦税务局（RFB）秘书处是负责关税和国内税征收的联邦政府机构。电子商务的税收占巴西所有税收的比例不到 0.5%，相比关税和其他税收，巴

---

① 关于巴西的信息，2019 年 1 月 15 日取自 https://cidades.ibge.gov.br/brasil/panorama。

②《世界经济展望》，2018 年 10 月，国际货币基金组织数据映射，国内生产总值，物价，美元（十亿计），2019 年 1 月 15 日取自 https://www.imf.org/external/datamapper/NGDPD@WEO/OEMDC/ADVEC/WEO/JPN/FRA。

西对电子商务的工作的主要目标之一是规范、监管和促进贸易和发展。

自 2017 年 10 月起,巴西通过海关电子申报系统 Siscomex Remessa(以下称 Siscomex Remessa 系统)全面实施对入境电子商务货物的监管。该系统除其他功能外,还自动计算关税。邮政运营商和快递承运人都使用同一系统,而通关程序以风险管理为基础,通过风险评估界面实现。

下文"附件 A 统计数据"列出了巴西自 2013 年以来,以邮件或快件形式入境的电子商务货物年度统计数据。

2. 巴西税收征管模式

巴西已决定采取中介征税模式,即在商品到达巴西后,快递承运人和邮政运营商代表消费者或进口商缴纳关税和其他税费。这些公司随后负责向进口商或买方收取准确的关税和其他费用。

这些中介机构需要定期将资金划入预先指定的政府账户,Siscomex Remessa 系统对这些转账款项进行核对。海关进行随机稽查,确保资金完全、准确地划入其账户。值得注意的是,2019 年,海关正努力与这些中介机构一起实施由自动借记系统提供的更加可靠和透明的转账服务,无须进行频繁稽查。

巴西采用的中介征税模式包括快递承运人和邮政运营商。

（1）快递承运人

在巴西经营快递业务需要完成注册程序，包括验证是否符合海关要求和对公司营业场所进行现场检查。完成该程序后，海关会批准授权其在一定时间内经营此类业务。

授权分为一般授权和特别授权。对税款征收而言，主要区别在于承运人须向海关缴纳的关税或其他税费的时间节点。

◇ 一般授权：一般快递承运人必须先将关税或其他税费缴纳至政府账户，然后海关才会放行包裹并允许派送。

◇ 特别授权：要得到特别授权，该公司需要有自己的仓库且为 AEO 企业。特别授权的快递承运人必须在海关放行后 21 天内将关税或其他税费缴纳至政府账户。海关放行后包裹即允许派送。

（2）邮政运营商

巴西只有一家在万国邮政联盟（UPU）框架内运

营的邮政运营商 Correios，归联邦政府所有和运营，并根据联邦法律及法令建立和管理。在税收征管方面，该邮政运营商属于特别授权的快递承运人。

（二）支持电子商务税收征管的法律框架

1. 背景

自 1966 年以来，涉及进口税的国家法律（1966 年 11 月 18 日第 37 号法令第 31、32 和 61 条）规定，寄件人指定的国际邮递货物收件人是纳税人，在某些情况下，承运人和海关保税仓库也负责缴纳税款。它还规定，如果适用，进口税的规则也适用于海关监管下的国际邮递货物。

基于传统的进口监管方式，邮政运营商和快递承运人类似于海关保税仓库、承运人和报关行，因此从法律角度说，他们也是纳税义务人。在巴西这样一个人口超过 2.08 亿的大国，对海关而言，管理对象越少，管理越容易。这意味着海关负责管理邮政运营商和快递公司，而邮政运营商和快递公司则负责管理收件人、买方和进口商。

如今，邮政运营商拥有自己的自动化系统，用于识别和联系消费者/进口商，并在货物提交查验时与他们联系。它还可以作为征收关税和其他税费的支付平台。对于使用自己系统的快递运营商而言，他们可以根据需要按照自己的做法联系消费者/进口商，并征收关税和其他税费。

2. 法律框架

在巴西，1980年法律（Decreto-Lei No.1.804／1980）制定了邮政和快递包裹的简化关税制度（Regime de Tributação Simplificada-RTS），财政部法令（Portaria MF No. 156/1999 现行有效）规定了进口关税统一税率，并对简化关税制度的应用设定了限制和条件。该制度的主要目的是对希望支付更高进口关税的人简化征税和通关手续，使得通关更快、更便捷。值得一提的是，根据该简化关税制度，通关的货物免缴IPI，即"Imposto Sobre Produtos Industrializados"，类似于消费税。

对于通过邮政和快递包裹服务进口的任何产品，不论协调制度（HS）归类如何，其进口关税税率均设定为60%（区别于传统进口货物，传统进口货物每个单独的HS归类对应不同的关税税率），烟草和酒精饮料例外。这一关税税率自1995年财政部颁布法令以来一直保持不变。

在万国邮政联盟协议的框架下，巴西的邮政服务通过一部法律和一项总统令（Lei No. 6.538/1978和Decreto No. 1.789/1996）来进行管理。

《海关法》是根据法律（Decreto-Lei No. 37/1966）颁布的总统令（Decreto No. 6.759 / 2009），其在更高层面上整合了海关监管程序，包括邮政和快递包裹的海关监管程序。

《海关规范性裁定》（Instrução Normativa No. 1.737 / 2017）是主要、具体和最近的法案，用于规范法律和部门规章的执行，其程序适用于中介机构，即邮政运营商和快递承运人。该规范性裁定明确了使用 Siscomex Remessa 系统进口申报及征收和缴纳关税的方式和时间。它还涉及使用简化关税制度的其他程序，包括出口程序和限制。

从更具操作性和前沿性的角度来看，《海关法》详细描述了中介、消费者/进口商和海关作为其日常流程的一部分必须遵循的操作程序（针对快递承运人的 Portaria Coana No. 81/2017 和针对邮政运营商的 Portaria Coana No. 82/2017）。

除了海关进口关税外，所有进口到巴西的产品都应向目的地所在州支付名为 ICMS 的消费税（也就是巴西的增值税）。中介机构向州立税务部门纳税和缴税的程序与关税相似，但不受海关系统管辖。它是通过中介机构和各州之间的协议实施的，并将电子信息发送到各州自己的系统。该协议（Convênio ICMS No.60 / 2018）于 2018 年 7 月进行了审查和发布，与《海关规范性裁定》（Instrução

Normativa No. 1.737 / 2017）协调一致。

立法还在不断发展。例如,《海关规范性裁定》最近进行了修订,对使用纸质报关出口快件和邮件的限额进行了调整;与旧的10000美元限额相比,新限额为1000美元,自2019年1月起生效。这一变化是由于新的统一出口系统——"单一窗口"平台的使用。该系统新设了完全集成到国内税务文件和商业发票的出口一次申报报关单(DU-E),可用于任何价值的商品的出口,但超过1000美元的商品必须使用。由于出口一次申报报关单(DU-E)本质上是一个出口申报登记的在线文件,因此它可以更快地处理业务,也更透明,允许公司通过互联网详细监控其交易进展,比有纸申报更具优势。

3. 最低起征点

在巴西,对由个人发给个人的、由邮政运营商寄送的价值50美元以下的包裹免征进口关税,商业交易除外。对快递承运人寄送的进口包裹没有最低免征额。

关于巴西的最低起征点,目前正在进行法律讨论。立法规定上限为100美元,并赋予财政部进一步规范豁免要求的权限。随后的财政部法令将豁免限制为个人包裹,不包括电子商务购买,并将限额设定为50美元。虽然海关认为财政部法令具有约束力且50美元的限额应当被遵循,但法院对财政部法令做出了多项裁定，裁定认为最低起征点应为100美元。

海关正在推动一项立法，将最低起征点降至10美元，同时将豁免范围扩大到快递承运人和在此限额内的任何类型商品。这个起征点建议与巴西税收制度的实际情况一致，同时适用了世界海关组织《即刻放行指南》①，纠正了现行起征点不一致的情况。

（三）过程描述

1. 简介

2017年10月以来，邮政和快递包裹的通关流程已经非常相似，但仍存在一些差异，因此本文将对这两个过程分开描述。这两个过程的主要区别在于提前获取电子数据的可行性。尽管快递承运人有提前获取的电子信息，但大部分邮递进口货物的数据仍然需要邮政部门在通过Siscomex Remessa系统提交电子申报之前进行手工输入。尽管如此，由于邮递渠道目前正在发展为直接从其他国家接收提前获取电子数

---

① 世界海关组织《即刻放行指南》第三版（2018年6月）第9款，目录2"免征关税和其他税费的低价值货物（最低起征点）"第9.3款，例如，货物的价值应低于SDR（特别提款权1）50或关税和其他税费低于特别提款权3，或货物的价值应低于特别提款权50，同时关税和其他税费低于特别提款权3。这些最低起征点和/或数量应在国家立法中规定，并适用于所有可能的运营商。

据，希望这些差异会逐渐消失。

征税模式基于Siscomex Remessa系统，该系统负责自动接收和处置快递承运人和邮政运营商提交的报关单。通常，每个包裹都对应一份报关单。海关依据每份报关单提供的数据开展风险评估，并根据风险评估结果决定该商品是自动通关放行还是进一步查验。快递承运人和邮政运营商负责根据该系统的计算结果征收关税/其他税费，该系统监控整个流程的步骤直至通关结束，如有必要调整的话，还可以延至到事后。

Siscomex Remessa系统界面、在Siscomex Remessa系统上录入生成的进口海关报关单和海关风险评估系统界面（ANIITA）的示例见下文中的"附件B Siscomex Remessa系统示例"。

2. 邮递货物的简化通关程序

以下对邮递货物的通关和征税过程进行简单的分步说明。为便于理解，提供了流程图（如图1-8所示）说明此过程。

（1）消费者/进口商在线购买。如果可行，寄件人或邮政运营商发送电子数据。

（2）运输后，当包裹抵达目的地仓库，邮政运营商提交这些包裹进行初筛及其他程序。

（3）如果包裹有提前获取的电子信息，邮政运营商会向Siscomex Remessa系统发送海关进口电子申报所需要的所有信息，包括进口商/消费者的税务识别信息。否则，需要使用CN申报（海关申报CN 22/23 – 寄件人申报）手动输入所需数据，然后将所有信息发送到Siscomex Remessa系统。

（4）Siscomex Remessa系统处理信息，如果所有一切都符合规定，接受每个包裹的进口申报，计算应缴税额并将确认信息发给邮政运营商。

（5）海关和其他政府机构，比如卫生、环保和农业机构，进行风险评估，在系统中对合法货物实施预放行，对违规或布控捕中货物提交查验。最终放行会在关税征收后完成。海关风险评估主要通过ANIITA系统进行。待查验的包裹如果没有问题就会放行，否则扣留待进一步处理。

（6）然后，邮政运营商扫描包裹，把预放行的和需进一步查验的包裹分开。这时，比如，没有电子申报的和缺少相关信息的包裹，将被扣留等待进一步申报，或者如果没有申报，就会在缴税之前退回给寄件人。

（7）邮政运营商随后在其网站更新预放行信息，并给进口商/消费者30天时间用于支付应缴关税。

（8）消费者/进口商通过邮政运营商的网站在线支付。邮件运营商接受信用卡或银行账单支付。消费者可以通过他们自己的账户使用银行APP或在任何银行网点用现金支付这些账单。

（9）邮政运营商一旦确认收到付款，就会派送包裹。如果 30 天内未收到付款，包裹会被退回给寄件人。

（10）然后，邮政运营商在收到消费者 / 进口商付款的 21 天内将关税缴付给 Siscomex Remessa 系统，在此之后，系统对该进口报关单做最终通关放行。

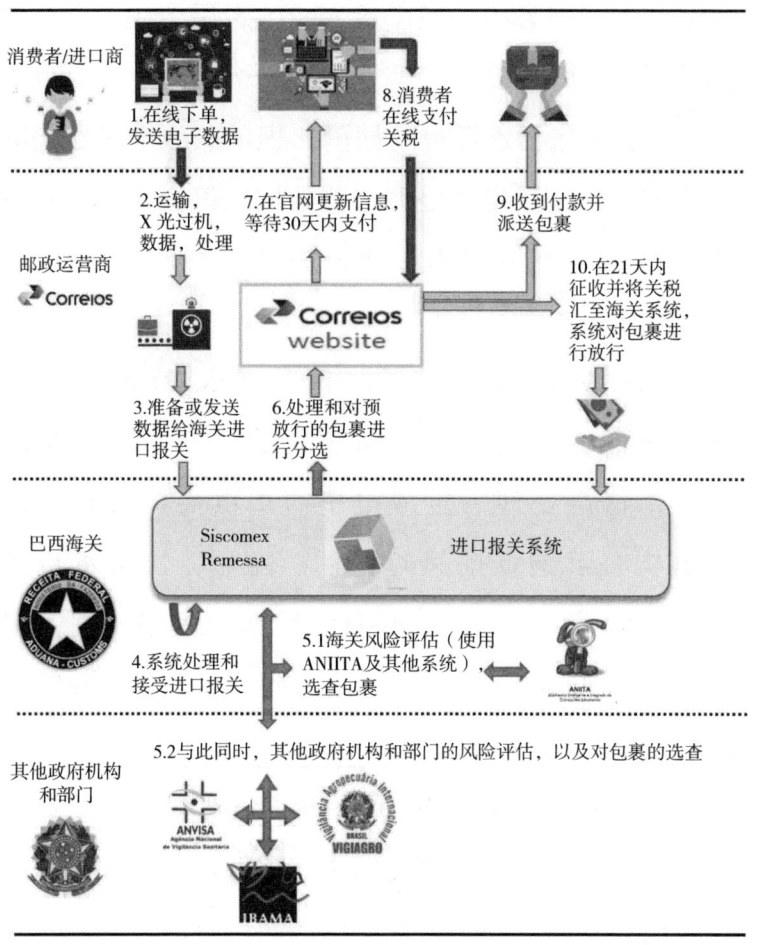

图 1-8　巴西简化邮件通关程序流程图

3. 快件货物的简化通关程序

以下对快件货物的通关和征税过程进行简单的分步说明。并提供了流程图说明此过程，如图1-9所示。

（1）消费者/进口商在线购买。如果可行，寄件人发送电子信息给快递承运人，或者后者在签发航空运单时生成数据。

（2）在包裹运抵目的地前，提前获取电子数据准备完成，快递承运人处理这些数据以符合Siscomex Remessa系统对舱单和海关进口报关单（DIR）的录入要求。

（3）快递承运人向Siscomex Remessa系统发送舱单，包括同一航班里的所有包裹的基本信息。信息处理后生成电子清单供海关和其他政府机构开展运抵前风险评估。随后，快递承运人向Siscomex Remessa系统发送海关进口报关单（DIR）需要的所有信息，包括消费者/进口商的巴西税务识别信息。

（4）Siscomex Remessa系统处理信息，如果所有一切符合规定，接受每个包裹的进口申报，计算应缴税额并向快递承运人发送确认信息。

（5）海关和其他政府机构，比如卫生、环保和农业机构，进行风险评估，在系统中对合法货物实施预放行，对违规或布控捕中货物提交查验。最终放行会在关税征收后完成。海关风险评估主要通过ANIITA系统进行。待查验的包裹如果没有问题就会放行，否则扣留待进一步处置。

（6）货物抵达目的地仓库，快递承运人提供包裹进行初筛，把预放行的和需进一步查验的包裹分开。这时，比如，没有电子申报的和缺少相关信息的包裹，将被扣留等待进一步申报，或者如果没有申报，就会在缴税之前退回给寄件人。

（7）在预放行的包裹最终经扫描并确认没有问题后，快递承运人有20天时间向消费者/进口商收取付款。根据快递承运人的经营授权不同，关税可以按照以下规则征收：

① 一般授权快递承运人：必须在包裹派送前完成关税征收和通关手续。一般而言，出于物流目的，由公司向Siscomex Remessa系统缴纳应付关税，并在包裹送达时向消费者/进口商收取付款，如果他们已经达成协议，甚至可以在（收到包裹）以后收取付款。或者，包裹可以在仓库中最多保留20天，等待消费者/进口商缴税。

② 特殊授权快递承运人：可以将包裹从仓库中取出派送。包裹送达后，公司向进口商/消费者收取关税，进口商/消费者有20天时间来付款，如果他

们与公司已经达成协议，时间甚至可以更充裕。从预放行开始，公司有 21 天时间征收并向 Siscomex Remessa 系统缴纳关税。

（8）一旦 Siscomex Remessa 系统收到关税已经缴纳的信息，包裹就会被通关放行。

（9）快递承运人向消费者/进口商收取关税和其他费用，并可能在派送包裹前要最多等待 20 天才能收到付款。如果快递承运人与消费者/进口商之间有协议，例如月结账户，则可以在支付关税之前派送包裹，但在这种情况下，快递承运人对这些关税负全部责任。

（10）一旦确认付款，如之前所述，就会派送包裹。如果 20 天内未收到付款，包裹将退回给寄件人。

值得强调的是，对快件货物来说，大多数包裹在运抵之前都会被预放行，因为它们都有提前获取的电子数据。随着邮政运营商在接收提前获取电子数据工作上的推进，这两个流程将变得几乎相同，包括在运抵前预放行等。这是邮政运营商的目标。

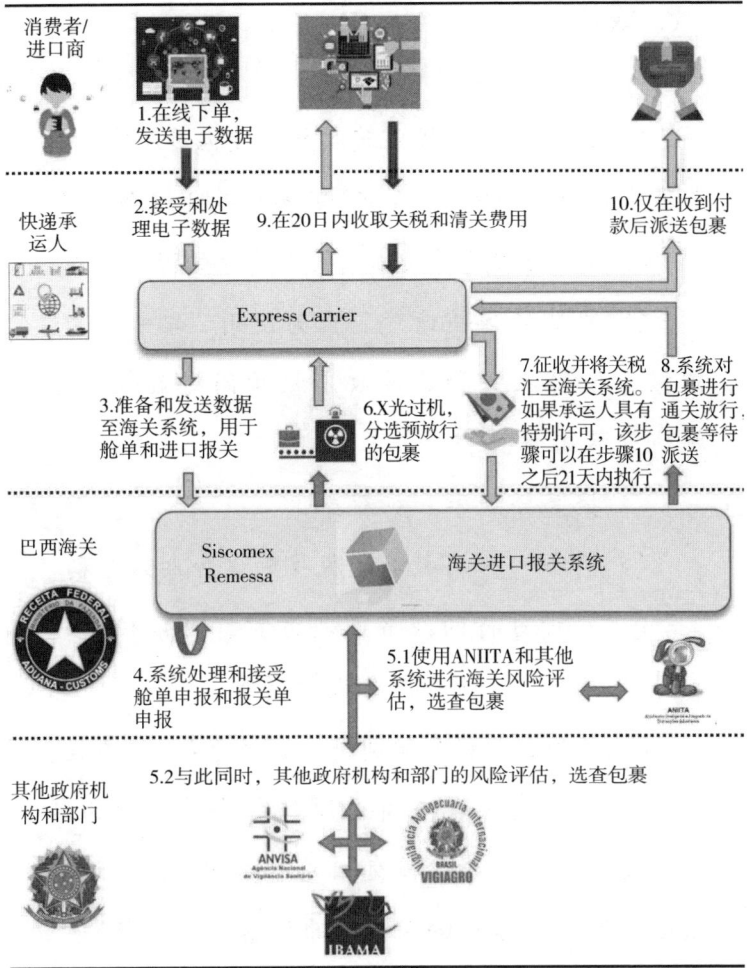

图 1-9　巴西简化快递通关程序流程图

（四）采用中介征税模式的益处和挑战

巴西经验表明了采用中介征税模式的一些成效和挑战，概述如下：

1. 成效

◇ 使用可靠的提前获取电子数据对所有包裹开展有效的风险分析。大部分成效均基于这个前提。

◇ 对进出境包裹更加可靠和有效的海关监管。

◇ 更快的通关速度，因为使用"单一窗口"申报，使得海关和其他政府机构同时且互不干扰地开展工作。

◇ 提高合规率和征税率。

◇ 执法——有效打击税收欺诈和毒品走私。

◇ 一种可行的经济解决方案，可以使通过邮件发送的电子商务包裹数量增加。

◇ 采用巴西税务识别码识别消费者/进口商。

◇ 消费者/进口商无须联系海关，因为所有的要求包括缴税和提交相关单据都可以通过邮政运营商或快递承运人自己的信息系统进行。

◇ 简化消费者/进口商，尤其是个人和中小微企业（SMEs）的程序。这些企业依靠中介机构来指导他们相关的海关程序和规定，并开发有效的数据管理系统。

◇ 海关可以减少需要打交道的利益攸关方的数量，因为任何与申报或征税有关的问题必须先交给由邮政运营商和/或快递承运人。

2. 挑战

◇ 鉴于低价值货物数量的指数级增长，在不干扰货物流动的情况下，出于合规、税款征收和监管的目的，需要通过自动化系统处理低价值货物的不断增长。

◇ 应对邮政运营商缺乏可靠信息的问题，包括与消费者/进口商有关的税务识别信息。这可能导致运营商根据有缺漏的、来源不可靠的信息完成海关申报。

◇ 应对高水平的低报价格和货物瞒骗的问题。

（五）经验教训

巴西海关在对所有电子商务渠道采用基于中介征税模式的 Siscomex Remessa 系统之前，用两年的时间与快递承运人开展了一个试点项目。这一试点项目构建了一个基于中介征税模式的电子申报系统，试点成功后，海关决定在 2012 年启动一个全国项目，将所有电子商务渠道纳入其中，包括邮政服务。该全国项目旨在改进之前的试点项目，并为所有利益攸关方简化了通关过程手续。

让部分参与过试点项目的工作人员也参与全国项目至关重要,因为这些工作人员在具体技术层面对系统、法律和程序非常了解。他们熟悉系统的优点和缺陷,并能针对这些优点和缺陷在全国项目推进中更加有效地予以解决或重新设计。

在项目的早期阶段,项目流程图(包括整个通关流程设计)是由来自海关和物流运营商(邮政运营商和快递承运人)的专家共同完成的。由于项目的"单一窗口"性质,联邦管理局的其他机构也被邀请参与项目的规划。此外,通过从一开始就让所有利益攸关方参与其中,海关在整个项目的各个领域都得到了充分的配合,包括IT系统、法律框架、培训和实施。事实上,海关认为,做好规划对减少随后在实施阶段可能出现的问题至关重要。

政府和海关的高级官员看到了电子商务包裹数量指数级增长的现象,迅速将该项目列为优先考虑的事项,并给予大量政策、财政和人力资源的支持。这种支持为该项目的全面实施提供了至关重要的保障。

尽管正在等待这一领域的政治考虑,但是由于政府优先事项的一些变化,海关还不能对需要国会批准的高级别立法做出某些重要改变。高级别立法修改需要时间以及来自最高行政层面的支持,这也是启动新项目时的主要关注点之一。此外,需要高级行政层面的支持还体现在为电子申报系统构建新的"单一窗口"程序时与其他政府部门之间的协调工作。并非所有政府部门都完全参与了项目的早期阶段，但现在许多部门正试图加入 Siscomex Remessa 系统，而项目的后续变更会给政府带来更高的实施成本。

（六）合规与未来发展

1. 项目实施的反响

邮政运营商和快递承运人从一开始就全力支持该项目，对其系统和程序进行必要的修改和更新，并一直合作直至全面实施。他们认识到新的系统和立法带来的进步和好处，会为包裹带来更多的灵活性和更快的通关时间。这种技术交流的相互合作仍在进行，并体现于信息技术系统和程序的不断改进之中。

消费者/进口商花了更长的时间了解新的程序，尤其是如何使用邮政网站（如在线缴税）。不过，消费者们往往非常喜欢这种模式，因为现在每一次互动都是在网上进行的，包裹会直接发送到他们的地址，消费者不需要去邮局缴税和领取包裹。随着这一过程的不断发展，包裹和应纳关税信息的透明、准确，以及从消费者/进口商处征收的税款不断增加，由于进口货物信息不正确而导致放弃的包裹数量也越来越少。

总的来说，现在的海关与利用科技推动公共服务效率提高与发展的全球趋势保持着一致。

2. 促进守法的举措

在巴西，中介机构（邮政运营商和/或快递承运人）和消费者/进口商违反国家法律都会受到处罚。海关通过对快递承运人的初始阶段许可制度及不定期对承运人的程序进行稽查，确保中介机构的合规守法。

进口商在通关过程中最常见的违规行为是商品价格低报和申报内容不准确或瞒骗。为防止这些行为，海关会采取查验、单证审核及对进口商给予经济处罚等措施。

海关通过提供培训、编制手册、调整法规和程序，日益加强与邮政运营商和快递承运人的合作。中介机构也以各种渠道告知消费者遵守海关规定的重要性。在一些非常特殊的情况下，快递承运人和邮政运营商还会帮助海关共同打击贸易商的违法行为。

为了帮助消费者/进口商，海关不断更新其网站，提供有关通关程序及消费者/进口商在通关过程的职责定位等方面的信息，以避免其进口申报出现问题。此外，在每个入境口岸都有一个海关支持小组，专门向贸易商，特别是向海关寻求进口协助的咨询个体提供支持和信息。

3. 如何衡量该模式是否成功

最初的项目旨在使电子商务数据通过中介机构以

电子格式提供给海关,从而使电子商务商品的通关程序更加现代化。

中介征税模式有利于海关开展风险管理,加强对商品的监管,以提高整体守法水平。如果新举措有助于增加关税收入,那么该项目的支出成本也是合理的。衡量新举措是否成功的三项指标包括是否提前获取电子数据、贸易商合规性是否提高,以及关税收入是否增加。

关于电子数据的获取,除了少量邮件进口起征点以下的免税商品外,绝大多数商品已采用电子方式通过 Siscomex Remessa 系统进行申报。现在,海关正朝着邮件进口商品(包括最低起征点项下的包裹)100% 电子申报的方向努力。

由于能获取电子数据,目前海关正在对电子商务进口商品进行风险分析。但是,由于邮件申报数据质量仍然不高,合规性水平并没有像最初预期的那样大幅提高。单就该模式本身的运用来说,尚不足以提高邮件申报的整体合规性,可能需要结合其他手段方可达成。

税收方面的结果喜忧参半,原因是虽然快递承运人的税收呈上升趋势,但自 2017 年以来,邮政服务的税收则呈下降趋势。关税总收入从 1.38 亿巴西雷亚尔增加到 1.68 亿巴西雷亚尔。应当指出的是,因为新制度在 2017 年 10 月才推出,并在 2018 年经历了一段激烈的调整期,加上政治不稳定和正在进行的关于最低起征点的司法讨论，现在衡量关税收入的成功还为时过早。无论如何，关税总额的增加似乎表明该模式对提高海关税款非常有利。

4. 下一步措施

巴西海关已经从纸质的、守门人式的检查演变为全数字的通关程序。这使得海关能够利用电子数据开展风险评估工作，锁定高风险货物，便利低风险货物贸易。海关在项目实施后已经历了调整适应阶段，后续将对该模式做出相应调整。

大多数申报数据缺乏对商品及其价值的详细或可靠描述。由于源头（发货人／卖方）数据质量较差，或者甚至是因为消费者／进口商的要求，低报价格、伪瞒报依然是电子商务交易中的惯用手法。换句话说，合规性仍然是该模式亟待解决的一个问题，当然，中介机构不应受到指责，因为他们不是信息的原始来源。

不过，情况也不尽如此。一些电子商务卖方与物流运营商和快递承运人建立了合作关系，他们采用的是一种卖方征税模式和中介征税模式相结合的复合模式。买方购买货物时支付关税和其他税费；随后，商品的详细信息传送给快递承运人，形成可靠的进口申报数据，税款也同时汇给承运人，以便随后由承运人转交海关。

另一个例子是，巴西邮政运营商（Correios）于2019年1月推出了一项服务，对通过美国零售商在线购买的商品提供美国的邮政地址，然后将商品转运至巴西。Correios会在运输货物前向消费者/进口商收取所有运费、关税、税费和其他费用。由于Correios拥有整套可靠的交易数据，因此即使在包裹到达巴西之前，Correios也能够进行进口申报。由于有了可靠的交易数据，进口包裹可以在快速通关后直接发送给消费者而不会产生意外。此外，由于消费者/进口商已经缴纳了所有关税和其他税费，因此不再需要多余的时间来等待给商品缴税。

这种复合模式非常有前途，因为一旦申报信息是可靠的，风险管理将更加有效。确保在线交易完成前进行透明纳税，可最大限度地降低进口商在所购商品进境时不纳税的风险。然而，由于大部分电子商务参与方身处境外，给复合模式带来了诸多挑战。解决之道，是向海关提供可靠数据信息的公司将获得诸如更低的查扣率和更短的通关时间等优势，以此凸显与海关合作的互惠互利。

除上述内容外，海关和邮政运营商（Correios）正在进行一些其他的调整和更新，以更好地利用这种模式。部分调整和更新如下：

Correios正在与来自其他国家的邮政运营商及

利益攸关方（如平台、卖方和金融中介机构）合作，以便能获取更多的提前电子数据，从而确保日益增长的交易在通关过程中的合规性、通关速度和效率。

海关最近审查了邮政程序，并建议 Correios 在其网站上创建消费者/进口商的"自我申报"功能，用以缴纳关税和其他费用，该功能甚至在包裹抵达该国之前就可以使用。希望使用这种功能的人可以使用它。"自我申报"可以是全面的，包含消费者/进口商提供的所有信息，或者，如果有提前获取电子数据，消费者/进口商可对相关信息数据进行简单检查，补充缺失信息，然后缴纳进口应纳税款。这种在包裹到达之前向邮政运营商提交申报信息和支付税款的替代模式，将大大缩短通关时间并确保更高的准确性，即能更好地描述商品详情，提交正确的价格。

海关正与政府合作修改相关法律规定，以解决价值 50 美元货物的最低起征点问题，同时一并对其他悬而未决和需要调整的条款做出修改。

海关正在更新完善其系统，以便与税款征收、缴纳审核系统更好地整合兼容。这将有助于减少税款征收和税款发生调整时自动退税方面的错误。此外，海关还对系统进行了其他必要的改进，以确保整个流程有着更好的用户界面。如，尝试在申报时能够添加电子单证，像发票和/或其他海关需要的单证，这将使得用户在通关过程中不再需要提供纸质单证。

（七）附加或最终评论

选择该模式的主要原因是有可能使用全面电子海关申报数据开展工作。通过让邮政运营商和快递承运人与消费者联系沟通，并以电子方式向海关提供所有必要信息，以及与巴西境内的合作伙伴进行合作，海关可以在不增加电子商务消费者负担的情况下获取这些数据。此举非常重要，因为海关可以通过日常风险评估方式进行风险管理。与纸质方式相比，此举将提高行政效率、缩短通关时间。

中介征税模式的优势在于让邮政运营商和快递承运人成为海关的合作伙伴。一方面，通过在巴西设立一些联络点，海关可以与当地合作伙伴建立强有力的沟通渠道。如果是以卖方征税模式为基础，沟通协调将更具挑战性，尤其是当境外电子商务卖方为数众多且将联络点设在境外时。另一方面，在选择模式时还要考虑语言障碍。

该模式的成功实施得益于海关与邮政运营商/快递承运人之间的合作模式。海关第一时间强调了该模式将对运营商们带来的好处（包括缩短通关时间、降低运营成本和增强现金流）。如果没有这种协调合作，将无法顺利实现从纸质模式到电子模式的平稳过渡，并将给消费者/进口商和承运人带来许多不确定性。

巴西经验表明，拥有完全电子化的申报平台并没有立即提高贸易商的合规性（低报价格、伪瞒报仍然是主要问题）。因为中介机构（邮政运营商和快递承运人）不是信息的原始来源，所以他们只负责将获取到的信息"原汁原味"地转发给海关。

在这方面，巴西海关与一些电子商务供应商有着更为积极的合作经验，他们采用卖方征税模式和中介征税模式相结合的复合模式。这些公司在购买时收取所有海关费用，并将税款汇至快递承运人。有关交易的详细信息与承运人实现了充分共享，形成非常可靠的货物（低风险货物）申报信息，从而使海关管理和消费者都能受益。目前来看，巴西海关面临的挑战是如何进一步发展这一模式，例如激励运营商。进一步发展这一模式还可以为受信任的合作伙伴提供"快速通道"，从而缩短通关时间、降低运营商的运营成本。

（八）附件 A 统计数据

本统计数据涉及邮政运营商和快递承运人通过简化通关程序申报的邮件和快件包裹。虽然没有具体电子商务商品的统计数据，但这些包裹中的大部分源自电子商务[①]。

---

① 数据来源：海关系统、快递承运人和邮政运营商。

1. 年度总量

年度总量，以包裹数量表示，如图1-10和图1-11所示。

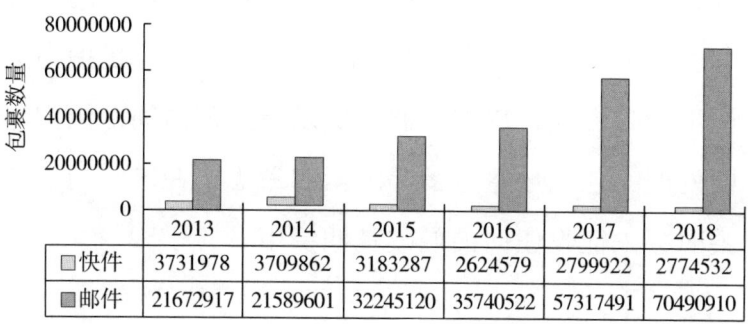

通过简化通关程序申报的进口邮件和快件包裹；最高限额：3000美元。

图1-10 邮件和快件包裹进口量

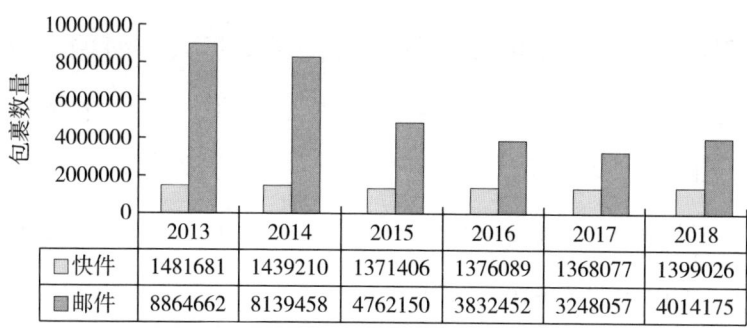

通过简化通关程序申报的出口邮件和快件包裹，包括文件；2018年最高限额：10000美元；2017年及以前快件限额为5000美元、邮件1000美元；2019年起新限额为1000美元。

图1-11 邮件和快件包裹出口量

2. 最低起征点以下的通关包裹数量

由于大多数包裹没有通过 Siscomex Remessa 系统进行电子申报通关，因此无法获知通关包裹的准确数量。但据估计，2017 年最低起征点以下的通关包裹约为 5600 万件。这里所指的"通关"是指海关出于行政资源、货物价值较低以及合理时间范围内需要处理的包裹数量过多等因素的考虑，在这些包裹通关时，未征收任何关税或其他费用。

3. 参与项目运行的运营商数量

巴西只有一家邮政运营商，叫作 Correios。它是由联邦政府拥有和管理的公司。截至 2019 年 3 月，巴西拥有 30 家经授权的私营快递承运人。海关授权在巴西运营的最新快递承运人名单可通过以下链接获取：

https://receita.economia.gov.br/orientacao/aduaneira/remessasinternacionais/remessa-expressa/empresas-autorizadas-a-operar-na-modalidaderemessa-expressa

4. 电子商务商品征收的关税额

电子商务商品征收的关税额如图 1-12 所示。

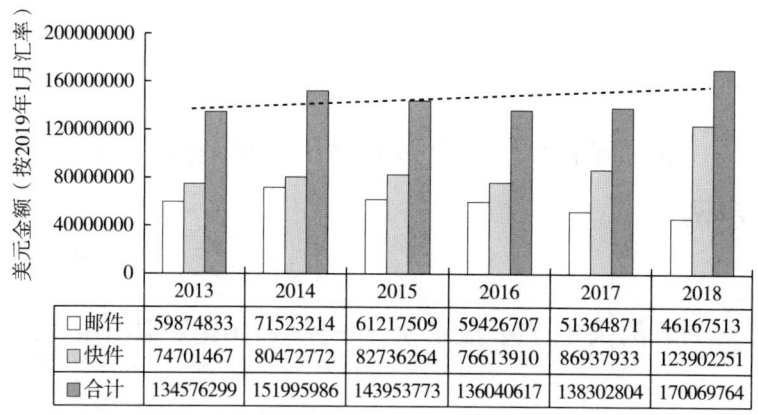

向通过简化通关程序申报的进口邮件和快件包裹的关税税款；最高限额：3000 美元。

图 1-12　电子商务商品征收的海关关税税款

5. 电子商务商品的平均通关时间

这里的平均通关时间是指从邮政运营商或快递承运人通过 Siscomex Remessa 系统发起申报起至货物未经海关或其他政府机构查验而自动放行为止的时间。换句话说，这是海关进行风险评估并通过绿色通道放行商品的平均时间。

通过快递承运人发送的包裹，从通过 Siscomex Remessa 系统进行申报至包裹通关放行并准备离开仓库为止，其平均通关时间为 5 小时。大多数快件包裹通常可在抵达当天通关放行。

通过邮政运营商发送的包裹，从邮政运营商通过 Siscomex Remessa 系统进行申报至包裹被海关放行为止，其平均通关时间约为 4 至 8 小时。

（九）附件 B　Siscomex Remessa 系统示例

1. 海关电子申报系统——Siscomex Remessa

海关开发的海关电子申报系统也被称为 Siscomex Remessa 系统。系统界面截图如图 1-13 所示。

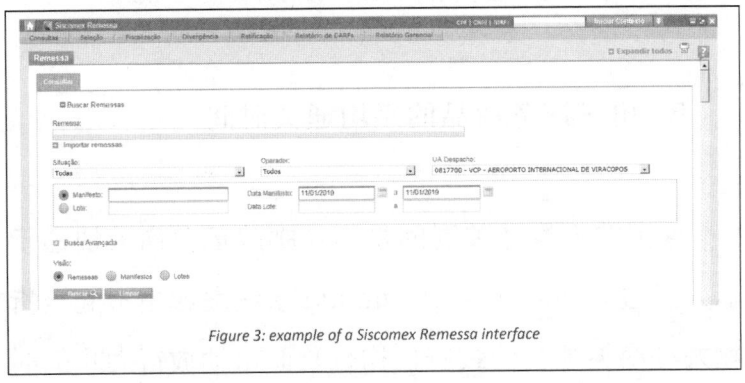

Figure 3: example of a Siscomex Remessa interface

图 1-13　Siscomex Remessa 系统界面截图

系统界面是供海关、其他政府机构和邮政或快递运营商使用的，而不是面向消费者/进口商的。所有与海关和其他政府机构相关的操作均通过 Siscomex Remessa 系统界面实现，相关审核结果将由该系统发送至物流运营商的 IT 系统。

2. 通过 Siscomex Remessa 系统录入的海关进口报关单（DIR）

邮政运营商和快递承运人通过 Siscomex Remessa 系统录入生成的海关进口报关单，上面显示了包裹的申报信息、经审核确定的应付关税信息、海关操作记录和税款缴纳信息，如图 1-14 所示。

DECLARAÇÃO DE IMPORTAÇÃO DE REMESSA - DIR

Identificação da Remessa

Declaração (DIR)/Versão	Data/Horário Registro DIR	Lote DIR	Modalidade
19000383 / 2	02/05/2019 15:22	RFB2019050200002	Expressa
Remessa	**Situação**	**Manifesto**	**Data/Horário Manifesto**
135537778212480002	Em Fiscalização	RFB201900106070	02/05/2019 15:21
Master	**UA de Despacho**	**Operador**	
00000000081	0817700 - VCP - AEROPORTO INTERNACIONAL DE VIRACOPOS	IHEHOIWT IHFIHUHMVWKXHU NX OIWUQD DVNW	

Dados Gerais

Descrição
Cell Phone brand XYZ 64GB gold s/n 345609-19

Peso Bruto (Kg)	Volumes	Destinação Comercial	Taxa de Câmbio
1,11	1	N	3,94530
Valor Total Remessa	**Valor Frete**	**Frete Modo Pagamento**	**Valor Tributável**
US$ 120,00 / R$ 473,43	US$ 22,22 / R$ 87,66	Collect	US$ 142,22 / R$ 561,10
Imposto Importação (II)			
R$ 336,66			

Destinatário

NI / Nome / Conta
123AB4567 / Consumer Importer Full Name / XYZ

Endereço
Consumer Importer Full Address 987 / / BRASÍLIA / DISTRITO FEDERAL / BRASIL

Remetente

NI / Nome / Conta
123SE4567 / Sender Exporter Full Name / RTY0001

Endereço
Sender Exporter Address, 345 / 234556677 / EXTERIOR / EXTERIOR / ITALIA

Mercadoria(s)

Descrição	Qtde.	UME	Peso (Kg)	Valor	Moeda	Regime de Tributação	NCM-SH	Tratamento Administrativo
Cell Phone brand XYZ 64GB gold s/n 345609-19	1,00	UNIDADE	1,11	120,00	DOLAR DOS EUA	Tributação Simplificada		RFB

Dados de Impostos, Pagamentos e Multas

Tipo	Valor Devido (R$)	Valor Recolhido (R$)	Data/Horário Recolhimento	Autenticação Bancária
II	336,66	0,00		

Figure 4: example of a Customs Import Declaration (DIR) registered on Siscomex Remessa

图 1-14　通过 Siscomex Remessa 系统录入的海关进口报关单示例图

3. 海关风险评估系统——ANIITA

海关风险评估系统被称为ANIITA。海关风险评估系统的操作界面截图如图1-15所示。

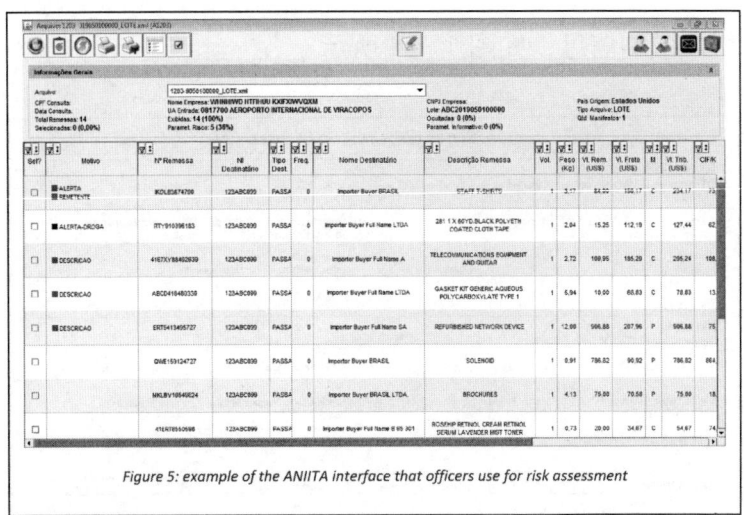

Figure 5: example of the ANIITA interface that officers use for risk assessment

图1-15　海关风险评估系统的操作界面截图

文件 8　税收征管案例研究模板

制作案例研究的目的是展示各国对跨境电子商务货物所采取的有效征税方法（以下简称"方法"）的具体实例。此模板类似指南，就文字结构和包含信息来说相当于案例研究。

考虑到电子商务是一种全新的现象，一些特殊规则特别是与电子商务货物有关的税收征管特殊规则在实际中的应用并不普遍，在考虑实施《标准框架》时，这些案例对管理部门有一定帮助。

我们应该特别注意下列细节：现有的税收征管方法和创建新的税收征管方法的特点及主要差异，现有的最低起征点和评估该起征点将要采取的步骤，计算由快递、承运人或邮政运营商运送至消费者的低价货物应纳税款的审价办法，以及由于包裹数量巨大给风险管理系统带来的机遇和挑战。

（一）概述

◇ 基于附件中讨论的三种方法之一（或混合方法）的电子商务税收征管方法的一般性描述。

○税收征管方法的特点，特别是谁提交货

物报关单并缴纳关税及其他税费（邮政运营者、快递承运人、寄件人、电商、电商平台、买方），如何以及何时缴纳税款（提交货物报关单之前、同时或之后，通关过程中或定期，到货前或以企业为单元延期缴纳关税和其他税费）。

◇ 为什么要为电子商务创建新的税收征管方法？

◇ 支持电子商务税收的法律框架是什么？

○ 管理税收征管问题的法案（《海关法》、其他法律法规等）。

○ 是否有关于电子商务税收征管方法的特殊规则或适用于此类货物的一般规则（如中介机构征税方法）？

○ 是否需要制定适用于跨境电子商务商品税收征管的独特规则（新立法）？如果是，你的国家或联盟是否制定了此类规则？

◇ 最低起征点

○ 在你的国家或联盟中是否有最低起征点？如果有，请具体说明它的水平。

○ 最低起征点是否只与关税有关？或者与关税和其他税费都有关？

○ 你的国家或联盟是否正考虑重新评估或调整该最低起征点？如果是，何时？

（二）背景

◇ 以前是否有过类似的情况需要创建新的税收征管办法？现在采用的方法是如何发展来的？

◇ 简要说明与案例研究相关的国内监管环境（主管部门、最低起征点、税收等）。

（三）过程描述

◇ 详细描述方法。使用图片、图表、截屏、网站等，以便于理解。

（四）成效与挑战

◇ 在国内对电子商务商品使用这种方法征税有哪些好处和挑战？

◇ 为什么这种方法被认为对电子商务商品最有效？例如，它提供了便利性、税收征管高效性、合规性，使低报价格风险最小化、防止税收损失、交货时间的可预测性更高（如果需要支付关税和其他税费）、消费者（买方）体验更舒适（因为不需要在货物到达时直接支付关税和其他税费等）。

◇ 这种方法是否纳入风险管理系统？如果是，如何纳入的？

（五）经验教训（如有）

◇ 管理部门实施这一方法有什么经验？从经验中学到了什么？这可能与方法的任何方面有关，包括但不限于：立法、制度、与其他政府机构和企业的合作、员工培训、资源配置和／或实现政策目标。

（六）合规和未来发展（如有）

◇ 实施后的反响是什么？

◇ 合规的方法（惩罚、教育等）是什么？

◇ 如何衡量该方法的成功？

◇ 方法的下一步（分阶段、评估、调整等）是什么？

（七）附加或最终评论

◇ 欢迎添加任何附加或最终评论。

（八）统计（如有）

这一部分是为支持上述案例研究而提供的统计信息。众所周知，提供统计数据具有挑战性，因此以下建议的信息虽然并不详尽，但可能全部或部分无法获得，或者因为信息汇总程度或可靠性的原因，不会为案例研究增加价值。因此，统计只是尽最大的努力。如果有估计的统计数据或基于研究的预期统计数据，则可以提供使用，但应该说明。

- ◇ 年度货物数量和申报数量；
- ◇ 在最低起征点内通关的数量；
- ◇ 与此方法有关的运营商（注册或其他）数量；
- ◇ 对电子商务货物征收的税款；
- ◇ 电子商务货物平均通关时间；
- ◇ 其他重要信息。

文件 9 《世界海关组织跨境电子商务标准框架》实施战略案例研究模板

开展案例研究的目的是展示具体国家实施《标准框架》中规定的标准的实例。此模板类似指南，就文字结构和包含信息来说相当于案例研究。

这些案例有的是实施某一条标准，有的是实施整个《标准框架》。希望各成员高度重视现有立法框架、与（低价值）电子商务货物有关的工作方法和海关手续、电子商务在该国经济中的相关性，以及引发变革的需求情况。

在部分实施《标准框架》的国家案例中，说明为何实施选定的标准，解释如何确定实施框架标准的优先次序。

是否需要为每条标准设计一个特定模板，或者使用通用模板，仍有待决定。

（一）概述

◇ 处理跨境电子商务货物的现行惯例和方法的一般说明。

○跨境电子商务的趋势、相关性和立法框

架，包含统计数据（如可能且可以提供）：

·年度数量（货物）和申报数量（如果可能，低价值货物的占比）

·对电子商务商品征收的税收和其他税费

·电子商务商品的平均通关时间

·其他重要信息

○提前获取电子数据的使用情况；

○跨境电子商务货物给海关带来的主要问题和挑战。

（二）规划和优先顺序

◇ 哪些主要因素/情况触发了实施标准框架的需求？

◇ 标准的优先顺序：

○在制定实施的优先顺序和路线图时考虑了哪些方面？

○为什么这种方法/优先顺序对电子商务货物最有效？例如，它是为便利和守法，最大限度地降低低报价格风险，防止税收损失，提高应税货物送达时间的可预测性，因无须在货物到达时直接缴纳税款而使消费者（买家）体验更加舒适，等等。

○如果没有选择实施全部标准，那么选

择的依据是什么？

○是否预见到分阶段实施？

○案例研究的应用，"目前现状"和"将来情况"之间的差距分析，以及由独立专家开展的任何其他分析。

◇ 除海关外，还有其他政府机构参与规划阶段吗？

（三）提前获取电子数据

◇ 是否有法律框架要求（或授权）提前进行电子数据交换？开展同类商业活动的运营商（如邮政运营商和快递承运人）之间是否存在差异？

◇ 是否有规定提交数据的时间表，如果有，是怎么规定的？

◇ 说明提前获取电子数据用于什么目的（安全和风险分析、税收风险分析等）。

◇ 说明如何确保数据安全、隐私保护（也包括自愿提交的数据）。

◇ 说明为确保或提高数据质量而采取的任何措施。

◇ 是否确定了电子商务相关的新参与者和新的数据来源（如立法中规定了新的申报义务），以及这些措施如何提高风险分析的准确性和高效率？

◇ 是否对自愿提交额外数据企业采取激励或可能的措施？自愿提交的依据（如立法、谅解备忘录等）是什么？自愿额外提交的好处是什么？

◇ 重复使用数据（包括不同电子商务利益攸关方提供的数据）的可能性？在不同参与者提交和重复使用数据的情况下，如何解决责任问题？

（四）风险管理

◇ 实施标准框架后在风险管理流程中引入的新方法或新要素。

○ 描述用于电子商务货物风险分析的主要原则和方法。

○ 新方法的主要好处是什么？旧系统的主要差距或挑战是什么？

○ 不同的运输方式有何区别？

◇ 尽可能详细说明方法，包括非侵入查验（NII）技术的使用。

◇ 为应对大量陌生参与者采取了哪些措施？

◇ 说明其他政府机构和企业利益攸关方如何参与风险管理。

（五）贸易便利化和手续简化

◇ 详细说明方法。使用图片、图表、屏幕截图、网站等，以便于理解。

◇ 简化流程的范围（如低价值货物、所有电子商务货物、禁止和限制货物除外等）是什么？

◇ 在以下方面是否确保了公平竞争的环境？
 ○ 经济运营商；
 ○ 运输方式；
 ○ 其他。

◇ 经济运营商是否需要遵守特定标准才能受益于手续简化和货物快速通关？电子商务利益攸关方（特别是电商平台）能否参加 AEO 计划？由于其特殊的商业模式，他们是否要满足任何具体的标准？

◇ 是否为电子商务利益攸关方制定了特定的信得过企业计划（除 AEO 外）？

◇ 无风险电子商务货物的平均放行时间是多少？

◇ 是否有对确定货物以下方面的简化方法？
 ○ 原产地
 ○ 完税价格
 ○ 归类

详细说明这些方法。

◇ 是否存在以企业为单元的整合申报和集中纳税的可能性？

◇ 是否有（或计划建设）"单一窗口"或任何其他统一平台用于电子商务货物通关？

◇ 详细说明退货/退款程序。

（六）公众和国家安全

◇ 是否有适用于公众和国家安全的风险管理 IT 系统？

◇ 详细说明应用的方法，包括使用动态风险分析识别高风险货物。

◇ 是否与其他政府机构开展了机构间合作？

◇ 企业利益攸关方在识别非法贸易渠道和高风险电子商务货物方面的作用是什么？

（七）税收征管

◇ 请参阅征税模型模板。

（八）伙伴关系

◇ 与电子商务利益攸关方建立了何种合作

伙伴关系?

◇ 详细描述方法。使用图片、图表、屏幕截图、网站等,以便于理解。

(九)公众宣传推广和能力建设

◇ 是否有海关开发的网站,专门收集与跨境电子商务相关的所有信息和监管要求、为消费者和私人利益攸关方服务?

◇ 如何确保电子商务利益攸关方了解其在电子商务活动中的责任和义务?

◇ 采取了哪些其他措施或方法来提高消费者对监管要求的认识?

(十)测量和分析

◇ 说明用于测量跨境电子商务的方法,包括以下主要方面:

○统计范围;

○统计中应考虑的维度(如价值、数量、地理位置、商品类型等)。

◇ 是否也测量退货?如果是,请详细描述方法。

◇ 用于编制统计的主要数据来源是什么?企业是否直接参与编制跨境电子商务货物的统计?

◇ 该国是否有关于统计数据的立法框架？

◇ 世界海关组织数据模型在多大程度上被用于统计？

◇ 这些统计数据用于何种目的？

（十一）技术发展

◇ 在国家层面是否制定了探索和使用现代技术的战略？

◇ 拟应用的与跨境电子商务最相关的技术发展是什么？出于何种目的？用于海关程序哪个部分？

◇ 是否已在试点试验或正在规划试点试验？

◇ 如果这些试点已经到位，或者某些技术已经在跨境电子商务中使用，那么其面临的主要挑战和获得的好处是什么？

（十二）实施时间表、利益和挑战

◇ 实施相关标准的时间表是什么？

◇ 实施过程中遇到的主要困难或挑战是哪些？

◇ 哪些是成功实施相关标准的关键推动因素？

◇ 最重要的经验教训是什么？

（十三）能力建设

◇ 考虑实施世界海关组织或其他国际组织的哪些标准和文件？

◇ 是否已从世界海关组织或其他组织／国家获得支持，以帮助实施这些标准和文件？

◇ 是否有根据获得的经验支持其他国家实施这些标准和文件的计划？

（十四）合规性和未来发展（如适用和／或可用）

◇ 利益攸关方对实施标准框架方法的反馈是什么？

◇ 确保合规的方法是什么（如处罚、教育等）？

◇ 如何衡量该方法的成功与否？

◇ 后续步骤（如分阶段、评估、调整，如果需要，是否实施其他标准）。

（十五）附加或最终评论

◇ 任何附加或最终评论。

第二部分 PART TWO
《世界海关组织跨境电子商务标准框架》释义

进入21世纪以来，得益于高速互联网的覆盖，电脑、智能手机等终端设备的普及，安全便捷的电子支付的广泛使用，以及全球物流网络链带来的物流成本降低，跨境电子商务凭借其个性定制、去中间化等特点，坐上了"风口"，异军突起，取得了爆发式的增长。

在这样快速增长的环境下，如何应对贸易量的持续增长，克服行业全球标准、指导方针的缺乏，并有效解决贸易带来的风险等问题，对全球政府和商界都提出了新的挑战。《标准框架》方案，旨在通过提供全球基本标准和解决方案，为各成员制定海关的跨境电子商务法律法规提供立法的原则性、基础性的文件，以满足蓬勃发展的商业模式所提出的需求和期望，推动行业健康快速发展，促进新一轮全球化变得更加公平、透明。

一、跨境电子商务的发展

伴随着互联网技术飞速发展而产生的跨境电子商务，在为各个国家（地区）、各种企业、各类行业带来新的重要发展机遇的同时，海量的邮包快件也导致监管业务量指数级增长，跨国界、虚拟化的交易方式增加了侵权假冒、偷税漏税的风险。为有效解决碎片化、小额化、海量化包裹难以快速通关、规范收付汇、退税申报等问题，海关总署于2012年牵头在郑州等5个城市开展跨境电子商务服务试点，创造性地提出了依托海关特殊监管区域和保税物流中心（B型）（以下简称"区域/中心"）以保税模式开展的跨境电子商务零售进口模式，经过几年的发展，逐步形成了具有中国特色的跨境电子商务业务模式，并成为了对外进出口贸易中的新亮点。

2018年11月5日，国家领导人在首届中国国际进口博览会开幕式上寄语"加快跨境电子商务等新业态、新模式发展"。

国家领导人也曾多次提出坚持包容审慎的监管原则，坚定推进新业态、新模式发展。

2018年2月9日，国家领导人在北京出席首届世界海关跨境电子商务大会并发表主旨演讲，指出跨境电子商务是当今互联网时代发展最为迅速的贸易方式。近年来，中国政府秉持鼓励创新、包容审慎、协同共管的理念，不断创新发展模式、夯实基础设施、完善管理政策、健全风险防控，推动跨境电子商务在发展中规范、在规范中发展，闯出了一条具有中国特色的跨境电子商务发展之路。会上强调，跨境电子商务为更多国家、更多企业、更多群体带来了新的发展机遇，是构建开放型世界经济的重要支撑。国际社会应以更前瞻的视野、更包容的心态、更协同的步调，促进跨境电子商务可持续发展。一要相互开放市场，在守好风险底线的基础上，最大程度地降低准入门槛，推动贸易自由化、便利化。二要秉持共商共建共享原则，携手构建共同遵循的监管标准，在实践中不断完善。三要完善合作与协调机制，各国海关应加快推进信息互换、监管互认、执法互助。有关部门要加快推进"单一窗口"建设，打破信息"孤岛"。四要共同推进"一带一路"建设，提高互联互通水平，帮助欠发达国家培养跨境电子商务人才，缩小"数字鸿沟"。

目前，中国的跨境电子商务业务主要有网购保税进口、直购进口、特殊区域出口、一般出口四种跨境电子商务海关监管模式。

网购保税进口指电子商务企业将整批商品运入区域/中心内并向海关报关，海关实施账册管理。境内个人网购区内商品后，电子商务企业、支付企业和物流企业分别将电子订单、支付凭证、电子运单等传输给海关，电子商务企业或其代理人向海关提交清单办理申报和纳税手续，海关验放出区后账册自动核销。

特殊区域出口指电子商务企业把整批商品按一般贸易报关进入区域/中心，企业实现退税。对于已入区退税的商品,境外个人跨境网购后,电子商务企业或其代理人、物流企业分别向海关传输交易、收款、物流等电子信息,电子商务企业或其代理人向海关提交清单办理申报手续。海关验放出区离境后,电子商务企业定期将已放行清单归并成出口报关单,凭此办理结汇手续。

直购进口指境内个人跨境网购后,电子商务企业或电子商务交易平台企业、支付企业、物流企业分别向海关传输交易、支付、物流等电子信息,进出境快件营运人、邮政企业在承诺对数据真实性承担法律责任的前提下,可以代传交易、支付等电子信息。跨境电子商务商品运抵监管场所后,电子商务企业或其代理人向海关提交清单,办理申报和纳税手续。

一般出口指境外个人跨境网购后,电子商务企业或其代理人、物流企业分别向海关传输交易、收款、物流等电子信息。电子商务企业或其代理人向海关提交清单,办理申报手续,跨境电子商务综试区海关采取"简化申报、清单核放、汇总统计"方式通关,其他海关采取"清单核放、汇总申报"方式通关。

二、跨境电子商务框架方案在中国的探索实践

（一）提前获取电子数据实施风险管理，简化手续促进贸易便利化（原则一、二）

1. 海关的风险管理

为了维护国家政治、经济、文化、金融、生态、公共卫生安全等方面的利益，同时为了更好地维持国际贸易秩序、供应链安全，海关需要通过对进出境物品货物、运输工具等的监管，在关境上履行反恐、防核、征收税款、打击走私、保护知识产权、保护环境、开展检验检疫等职责。

随着时代的发展，我们发现在人类命运共同体的构建过程中，国际贸易交流的体量和频率对海关在严密监管和高效服务之间如何取得平衡提出了挑战。在这样的背景之下，海关的风险管理应运而生。通过对风险的识别、分析、度量、处置、监控等，实现对监管对象按风险高低进行分类，将海关监管资源更多地集中在对高风险对象的监管上，一方面保障守法货物及运输工具等快速通关，促进守法贸易便利化，产生一定的经济社会效益，另一方面增

强海关管理的针对性和有效性，优化海关资源配置，提高海关管理效能。

2. 海关对跨境电子商务的风险管理措施

跨境电子商务的全程电子化，为各国海关贴近这项新兴业态定制一套风险管控实现方法，以及平衡防控的需求与便利化的期望提供了基础。《标准框架》方案中提出，海关通过与跨境电子商务业者之间及时地电子数据交换，提前开展信息分析、风险评估工作，在货件进境时开展有针对性的风险处置，确保对跨境电子商务贸易有效的风险管控。

在这方面，中国海关也在积极实践，具体做法包括：

（1）开展货到前风险分析，聚焦高风险对象

针对目前大部分跨境电子商务零售进口为"整批进口、分散出区"的网购保税模式商品的特点，中国海关将安全准入防控的重点放在一线进境和入区环节。海关通过国际贸易"单一窗口"收集到企业申报的数据后，通过对舱单等数据的分析，在货到前进行风险甄别和布防，货物到达监管场所后通过X光机、CT机等非侵入式检查，在尽可能地减少开拆的同时，将涉及毒品、核生化爆、检疫等安全准入风险前置拦截在口岸一线，查验无异常货物可在24小时内办结通关手续，既有效防控安全准入风险，又为之后小包裹的二线快速通关出区奠定基础。

在包裹二线出区环节，在申报清单与订单、支付单、物流运单（以下简称"三单"）"三单比对"的基础上，综合运用各类内外部数据资源寻找风险特征，对经营主体、购买主体的活跃度开展分析，对交易行为的可信度进行甄别，将有限的监管资源聚焦于高风险对象，对其他包裹实施快速放行，尽量减少通关干预。

（2）建立合作伙伴关系，前移风险协同治理关口

中国海关不断探索加强与跨境电子商务平台企业、支付企业、物流企业在风险共管共治方面的协作，通过逐步引导电商平台企业加强平台内销售商品的合规性审查，指导电商企业规范商品信息备案，督促物流企业严格履行揽件验视制度等，探索将跨境商品安全风险的管控、治理关口前移至企业经营环节；同时，在强化联防联控、加大对走私违法行为的管控力度等方面定向发力，预防和化解各类风险。

另外，相较于传统贸易形态，跨境电子商务交易主体多元化、交易场景虚拟化的商业运作模式，决定了其在构建风险防控体系方面，离不开各方资源和力量的支持。中国海关也通过积极推进与其他政府部门在信息数据交换等方面的协作，努力打破政府部门之间的职权藩篱，由专业的部门和人员管控专业的问题和风险，并尽可能减少重复监管，节省监管资源，使监管更加高效。中国海关先后与中国人民银行、邮政总局等其他政府部门、行业主管部门在规范支付企业、物流企业经营行为、推进部门之间数据交换、信用信息共享和联合奖惩机制建设方面开展探索与合作，力求在源头提高"三单"的真实性和规范性。

（3）提升数据可靠性，夯实风险分析基础

"三单"作为反映跨境交易状况的证明，自然是跨境电子商务海关监管的基础，在确保交易、数据安全性、可靠性方面，中国海关主要进行了以下尝试：

一是采用单证数字签名技术。企业须对其向海关所申报进口申报清单及传输的交易、支付、物流等的电子单证数据承担法律责任，并使用数字签名技术避免信息被篡改及被抵赖。

二是获取原始支付数据。2019年开始，海关要求参与跨境电子商务零售进口业务的跨境电子商务平台企业向其开放包括订单号、商品名称、交易金额、币制、收款人相关信息、商品展示链接地址、支付交易流水号、验核机构、交易成功时间等支付相关的原始数据。海关认为有必要时，可将这些数据发给中国银联或中国网联等机构进行验核，并作为审核交易真实性的依据。

随着《标准框架》方案的实施，相信在未来，海关会不断完善专门针对电子商务的动态风险管理技术，通过电子口岸联通海关监管平台与电商平台，把海关管理理念和要求融入电商平台，比如更加注重原始数据的提前获取和处理、将数据分析筛查方法与非侵入式检查设备更紧密地结合起来使用、探索在跨境电子商务领域应用AEO的可能性等，做到全流程信息化监管，向电商参与企业层层传递，激励守法、惩戒违法，以实现更为高效的风险管理。

（二）维护公众和国家安全（原则三）

海关在跨境电子商务渠道防控的风险概括来讲包括安全准入风险和税收风险两个方面，特别是与公众和国家安全有关的安全准入风险。随着改革开放的不断深入，社会的不断发展和进步，人民生活水平的提高，国民对安全问题更加注重，因此安全准入风险更是各国海关风险防控的重中之重。

目前，中国海关重点关注的跨境电子商务渠道安全准入风险主要包括以下类别。

一是违反《濒危野生动植物种国际贸易公约》和中国动植物保护法律法规的物品，如象牙等；

二是枪支弹药、核生化爆等影响国民生命安全、社会稳定的高危物品；

三是黄赌毒、管制刀具等违反公安部门监管规定的物品，以及列入管制目录的麻醉品和精神药物等的毒品；

四是具检疫风险的动植物及其制品等的毒品；

五是侵犯国内外企业知识产权的货物、物品等其他安全准入风险。

以下为海关查获的有关安全准入风险的案例。

全国海关通过收集整理风险信息、建立维护风险信息数据库、开展安全准入风险分析、组织调研和研判、提炼布控指令和处置建议、实施运行监控与评估改进、建设维护风险档案等工作任务，逐步建立、健全正面安全准入风险防控防线，并取得了成效。

2019年3月，通过风险分析，海关在对一个来自英国的跨境包裹实施查验时，发现异常。该包裹申报为书籍、陶瓷制品、首饰，但开拆却发现包裹内为动物骨制品和玳瑁制品，最终经鉴定，该批9件共660克象牙制工艺品以及1件60克玳瑁制品均被查扣。

2019年1月，海关连续从跨境电子商务物品中查获日本核辐射污染地区食品，共计2121起，申报总值约96万人民币。该批商品主要为奶粉和速溶咖啡，制造地涉及茨城县、埼玉县、东京都、枥木县、群马县等。2011年，日本福岛发生的核泄漏事故造成了福岛周边地区大范围污染。为避免核辐射通过食品渠道对中国民众身体健康造成危害，中国海关禁止进口日本福岛县、群马县、枥木县、茨城县、宫城县、新潟县、长野县、埼玉县、东京都、千叶县10

个日本都县所产的食品。

2016年3月,海关查验人员利用X光机"一机双屏双控"对直购进口包裹进行同屏比对时,发现一个来自美国、申报品名为茶叶的包裹呈现出两种不同的颜色和密度,打开快递包装后,一股特殊的气味扑面而来,查验人员通过观察外形、辨别气味、物种比对等手段,高度怀疑该物品是大麻,立即送实验室进行鉴定。后经查实,该包裹为用红茶包裹着的印度大麻。快件包装分为内外两层,外层是用圆筒形塑料膜装着的一层红茶,内层的塑料袋装满了印度大麻,毛重400克。

2018年5月,海关关员在对一批从英国进口、申报为"婴儿奶粉"的包裹实施开箱查验时发现,部分包裹中夹藏有围巾等旧衣物。旧服装极易携带传染病病原体、病媒生物及各种化学物质等,属于我国明令禁止进境的物品。

2018年10月,海关连续从进境跨境电子商务直购进口包裹中截获包括宠物膳食营养补充剂、宠物零食和狗咬胶等动物源性饲料17批次、139件、41公斤,与以往截获中常见的膨化颗粒状猫狗饲料不同,这些截获的宠物饲料是将生的鸡、鸭、兔肉及内脏细磨制成的冻干猫犬零食,海关关员现场开箱查验可闻到明显的生肉腥味。其产品包装标注为生肉制品,可能含有对人体有害的病毒和细菌,须远离免疫系统受损的儿童，并与人类食物隔开存放。我国进出口饲料和饲料添加剂风险级别及检验检疫监管方式规定，宠物食品和咬胶属于 II 级风险产品，以国际快递或邮寄方式进境的该类跨境电子商务产品，还应符合《中华人民共和国禁止携带、邮寄进境的动植物及其产品名录》的要求，未经检疫的动物（生或熟）肉类（含脏器类）及其制品、动物源性饲料（含肉粉、骨粉、鱼粉、乳清粉、血粉等单一饲料），存在传播疫病疫情风险，属于禁止携带、邮寄入境的物品。

2018 年 7 月，海关关员对一票由某电子商务公司进口的保税跨境电子商务货物一线进境实施查验时发现，其申报的货物主要为名目繁杂的日本产的化妆品、日用品，但经过细致核对，却发现集装箱内有一个托盘的货物与其申报的商品信息不符。仅从包装盒标识看，该托盘上的 10 多个纸箱内应该装载的是卸妆水等化妆品，而实际开拆查看，纸箱内装的却全部是未向海关申报的电子烟类产品，其中枪体 3 箱共 98 盒，电子烟弹 31 箱共 1000 余条。而电子烟产品并不在跨境电子商务"正面清单"内，不允许通过跨境电子商务渠道进境。

（三）加强税收征管（原则四）

数量级巨大且仍在逐年大幅增长的跨境电子商

务货件，单个包裹的价值相对较低，且对通关时效的要求较高，在确保税款征收安全方面也给各国政府带来了新的挑战。在《世界海关组织跨境电子商务标准框架》中，各代表国提出了适用经营者、中间商、消费者等的不同税收征管模式，特别提出，基于目前的电子商务场景，海关应与税务机关密切合作，考虑从传统的在关境进行估价征税的模式转变为以自动账户为基础在货到关境前即可进行估价征税的解决方案，以更简洁、高效的方式实现跨境电子商务税款征收。

在这方面，中国先试先行，在明确了跨境进口商品购买人为税款的纳税义务人的同时，明确了跨境电子商务平台、物流企业或报关企业为税款代扣代缴义务人，这让海关避免在包裹进境环节逐个向海量购买人征税；也使得通过开发系统，从平台、物流、报关等交易相关企业获取验估进境环节税款所必需的数据成为可能。通过几年时间，逐渐探索了一条适合现有跨境电子商务业务模式的"标准统一、嵌入流程、化零为整"的税收征管体系，主要特点体现在以下几方面：

1. 逐步创新，完善跨境电子商务综合税

2016年"48新政"前，境内消费者通过跨境电

子商务平台购买的个人自用进口商品,单个订单内有多个商品、订单金额在1000元以内的,海关按照行邮税率征收商品税款,订单金额超过1000元的,则需按一般贸易征收税款并按货物办理进出口通关手续;单个订单内为1件不可分割的商品,则商品价值不受1000元的限制,仍可按行邮税率征收商品税款。按照商品的不同种类,当时的行邮税率分为15%、30%和60%三档,订单应征税款额不足50元的,税款予以免征。

2016年,财政部、海关总署、国家税务总局三部委发布《关于跨境电子商务零售进口税收政策的通知》(财关税〔2016〕18号),从当年4月8日起对跨境电子商务零售进口商品实施新的税收政策。在新政策下,跨境电子商务零售商品不再按行邮税征收税款,而是改为征收跨境电子商务综合税。综合税主要由关税、增值税和消费税构成,目前暂免征关税,增值税和消费税按法定纳税额的70%征收,并取消了免征税额。同时,新政策也对交易限值进行了调整,调整后跨境电子商务商品的单次交易限额为2000元,每年每个境内消费者可购买的跨境电子商务商品额度为20000元,超出单次或年度限额的,不论是否是单件不可分割商品,均需要按一般贸易征收税款并按货物办理进出口通关手续。

新政策的实行,一是取消了税款免征,实现了单单征税，降低了通过主观拆单分报方式偷逃税款的动力；二是整体上降低了进口税负，按照当时一般贸易17%的增值税率计算，大多数商品的跨境电子商务综合税率为11.9%，低于各档行邮税平均税率，让国内消费者通过阳光渠道购买海外商品的价格更低、接受度更高；三是提高了单个订单限额的同时设定了年度个人消费额度，兼顾境内消费升级需求的同时，通过设定门槛的方式避免对一般贸易的冲击，取得了较好的效果。

2018年底，伴随着跨境电子商务过渡期后有关监管安排的明确，财政部、海关总署、国家税务总局再次发布《关于完善跨境电子商务零售进口税收政策的通知》(财关税〔2018〕49号)，宣布自2019年开始对跨境电子商务税款政策进行再次调整。此次政策调整将跨境电子商务进口商品的单次交易限额提高至5000元，每个消费者年度交易限额提高至26000元。当订单内仅有1件商品时，若商品完税价格超过5000元且未达消费者26000元年度交易限额时，商品可通过跨境电子商务渠道进口，但需按货物税率全额征收关税和进口环节增值税、消费税，且交易额计入年度交易总额；若超过消费者26000元年度交易限额，则需要按货物办理进出口通关手续。此次税收政策调高了消费限额，将进一步刺激饰品、轻奢品、家用电器等高价值品类商品的进口量。

2. 基于"三单比对",确定完税价格

通过海关跨境电子商务管理平台,对接电子商务平台企业、支付企业和物流企业,将收集的对应订单、支付单和物流单即"三单"与企业申报清单进行信息比对,通过多个独立主体间数据的相互对碰、印证,确保交易的真实性。通过"三单比对"的订单,其成交价格被认定为完税价格,作为税款征收的税基。

3. 汇总征税,提升通关便利化水平

海关在征收跨境商品的税款时,变过去被动接受申报为主动征收,利用跨境电子商务管理平台的企业申报数据自动计算税款额,同时自动从电商企业预交的税款保证金账户中扣减相应税款数额;包裹放行31~45天后,海关通过系统以企业为单元,汇总相应时间段内未出现退货等情况的进境包裹应征税款总额后,自动返还对应税款保证金账户中已扣减税款数额。这样的税款征收操作,符合企业、消费者对包裹通关时效的要求,符合市场需求,提升了贸易便利化水平,同时也保障了包裹进境环节税款的应收尽收。

（四）重视测量与分析（原则五）

准确评估监测业务体量、模式、变化趋势，掌握新兴动态是跨境电子商务发展的重要保障，关系到上层制度的框架制定和企业商业决策，对更好地预测识别风险并管理风险也大有益处。《世界海关组织跨境电子商务标准框架》提出，海关应与相关政府机构一起，与电子商务利益攸关方密切合作，根据国际统计标准和国家政策，利用新兴技术，准确获取、测量、分析和公布跨境电子商务统计数据，以便做出明智的决策。

为了摸清我国跨境电子商务监管的实际规模，中国海关早在2014年就设立了专门的监管方式和通关模式对跨境电子商务进出境货物、物品实行监管和统计，并依托综合数据处理中心，建立健全跨境电子商务统计监测体系。

1. 广泛摸底，确定统计重点

中国海关与商务部、国家统计局在杭州、广州等地开展统计试点，通过对千余家跨境电子商务从业企业的摸底调查，收集跨境电子商务贸易模式、市场份额等信息；与部分国内研究机构及部分境外平台开展座谈，沟通数据采集方法，了解他们的数据估算标准和方法，境外平台对华订单模式等。通过调查，逐渐确定了将 B2C 作为统计重点。

2. 明确调查对象，创新统计方法

因广义的跨境电子商务还可能涉及邮件、快件、普通货物等多种物流渠道，而电商平台订单数据对 B2C 是全面覆盖的，因此，中国海关明确了以境内大型电商平台为调查对象，通过平台报送数据与市场份额来估算 B2C 的总体规模。通过测算比对，可以说这种利用平台订单数据与市场份额开展的统计测算方法是可取的。

随着《标准框架》方案的实施，下一步，中国海关将通过不断强化关企跨境电子商务统计合作、优化统计方法等方式，提高跨境电子商务的统计数据质量和业务监测水平。

（五）建立伙伴关系（原则六）

跨境电子商务交易场景的网络化、虚拟化，以及交易主体的跨国化和多元化，使得海关仅凭自身能力无法完全实现对供应链全过程的有效掌握。中国在实践中发现，除海关监管执法外，在建立健全安全风险管控体系，强化供应链全过程的集成管理方面，需要充分调动各方资源和力量,尤其是提供第三方服务的平台运营企业、支付企业和物流企业。因此,中国就与跨境电子商务各参与主体之间如何更好地协同推进风险治理、促进跨境电子商务行业健康发展,进行了有益的探索。

1. 明确各方责任

目前,中国正在积极探索按照"政府部门、跨境电子商务企业、跨境电子商务平台、境内服务商、消费者各负其责"的原则,明确各方责任,

政府对商品实施质量安全风险监测,在商品销售前实施必要的检疫,并发布风险警示;建立商品重大质量安全风险应急处理机制,加大商品召回监管力度;对食品类跨境电子商务零售进口商品优化完善监管措施,做好质量安全风险防控。

跨境电子商务企业承担商品质量安全的主体责任,并按规定履行相关义务;承担消费者权益保障责任;履行对消费者的提醒告知义务;建立商品质量安全风险防控机制和商品质量追溯体系;向海关实时传输施加电子签名的交易电子数据。

电子商务平台在境内办理工商登记;向海关实时传输施加电子签名交易电子数据;建立平台内交易规则、交易安全保障、消费者权益保护、不良信息处理

等管理制度；明显跨境电子商务零售进口商品和非跨境商品的标识；建立消费纠纷处理和消费维权自律制度，并履行先行赔付责任；建立商品质量安全风险防控机制；建立防止跨境电子商务零售进口商品虚假交易及二次销售的风险控制体系；配合监管部门监管。

境内服务商在境内办理工商登记，向海关提交相关资质证书并办理注册登记；如实向监管部门实时传输施加电子签名的支付、物流电子信息；物流企业向海关开放物流实时跟踪信息共享接口。

消费者是跨境电子商务零售进口商品税款的纳税义务人；认真、详细阅读电商网站上的风险告知书内容，结合自身风险承担能力做出判断；不得再次销售。

2. 探索实施企业信用管理

研究推进海关企业信用管理制度向跨境电子商务企业、平台企业、支付企业延伸和拓展，实施差别化管理，实现高信用企业的守法激励和对失信企业的惩戒威慑。择选优质企业开展关企合作，将海关监管重心放在帮扶企业做好通关前准入商品的评估、备案管理和商品的合规性检查，以及事故纠错机制的建设等方面，减少通关环节的干预，以缩短企业通关时间，提高海关监管效能。

2019年以来，已有海关与跨境电子商务从业企业以签订合作备忘录的形式在建立数据交换共享渠道、实现数据实时共享、强化联防联控、加大对走私违法行为的管控力度等方面定向发力，预防和化解各类风险，携手助推跨境电子商务发展。

3. 研究将跨境电子商务企业纳入AEO制度框架

自2005年世界海关组织推出AEO互认合作制度以来，该项目建立在企业诚信守法的基础上，密切了"海关与海关""海关与商界"的合作，从而进一步促进了经济全球化，越来越受到世界各国和社会各界的广泛关注，获得快速发展。

中国海关早在2008年就建立了AEO制度，2017年初开始，海关总署开始对现行AEO制度进行修订完善。新修订的制度在继续严格遵循世界海关组织有关《全球贸易安全与便利标准框架》原则标准的基础上，更深度融入国家社会信用管理体系，也更全面接轨国际AEO通行规则，体现了WTO《贸易便利化协定》（TFA）以及中国国家信用体系建设联合激励和联合惩戒的要求，并进一步丰富了AEO便利措施。特别需要指出的是，在认证标准方面，针对跨境电子商务企业、运输企业、快件企业、外贸综合服务企业、监管场所经营企业等不同类型，设置了专门的认证标准，使AEO认证更具针对性和操作性。

下一步，中国海关将认真以世界海关组织《全球贸易安全与便利标准框架》为指引，研究把跨境电子商务企业纳入 AEO 制度框架，使 AEO 企业享受更加便利的通关措施；推动世界海关之间信息互换、监管互认和执法互助，实现跨境电子商务全球联网监管和数据交换，进一步促进贸易便利化。

（六）开展公众宣传教育和能力建设（原则七）

在加强公共宣传方面，中国政府在 2018 年初首届世界海关跨境电子商务大会上发布了《北京宣言》，鼓励世界海关组织各成员海关在跨境电子商务监管与服务方面进行探索；发布《全球跨境电子商务行业行动倡议》，呼吁业界积极响应《北京宣言》，共同促进全球跨境电子商务可持续发展；向外界传递世界海关与中国海关以及其他利益相关方对全球跨境电子商务发展的共识和愿景，以进一步凝聚各方共识，推动管理理念创新，促进贸易安全与便利，实现均衡发展。

另外，中国海关积极响应我国提出的"一带一路"倡议，通过世界海关组织等多边、双边海关国际合作平台，进一步加强与世界海关、国际组织间的合作交流，会同地方政府、行业协会等单位共同组织召开各个级别跨境电子商务大会，在首届世界海关跨境电子商务大会成功在北京召开后，北京、重庆、郑州、杭州、广州、深圳、宁波等城市也举办多次跨境电子商务相关会议，广泛开展跨境电子商务研讨与公共宣传，推动各国海关、社会各界对跨境电子商务监管达成共识。中国部分高校也专门开设跨境电子商务专业课程，浙江万里学院则是专门成立了宁波跨境电子商务学院以培养跨境电商专业人才。

与此同时，一些专业培训机构广泛参与跨境电子商务人才培养、跨境电子商务实战培训和跨境电子商务项目孵化。

（七）完善立法框架（原则八）

卢克索决议确定的跨境电子商务的第八大原则是为各成员提供立法框架。

而中国政府秉持包容审慎、鼓励创新、协同共管的理念，从2012年"跨境电子商务元年"，国务院及各部委就出台了一系列政策，如《关于促进跨境电子商务健康快速发展的指导意见》《关于跨境电子商务零售进出口商品有关监管事宜的公告》《关于完善跨境电子商务零售进口税收政策的通知》等，引导跨境电子商务业务在规范中发展、在发展中规范。

2018年8月31日，第十三届全国人民代表大会常务委员会第五次会议通过《中华人民共和国电子商务法》（以下简称《电商法》），并已于2019年1月

1日实施。这是中国电子商务领域首部综合性法律，并且将跨境电子商务纳入本法管辖，对促进跨境电子商务发展、推动跨境电子商务立法的启动和完善都有着积极的意义。

《电商法》对电子商务进行了定义，所称电子商务是指通过互联网等信息网络销售商品或者提供服务的经营活动。《电商法》共七章、八十九条，包括总则、电子商务经营者、电子商务合同的订立与履行、电子商务争议解决、电子商务促进、法律责任、附则等内容。

《电商法》明确了"电子商务经营者从事跨境电子商务，应当遵守进出口监督管理的法律、行政法规和国家有关规定"；同时阐明了构架支持跨境电子商务发展，推进跨境电子商务综合服务和监管体系建设，以及推动建立与不同国家、地区之间跨境电子商务的交流合作等内容，原文见第三部分"中国跨境电子商务主要政策文件"。

第三部分 中国国内跨境电子商务主要政策文件

一、中华人民共和国电子商务法

（2018年8月31日第十三届全国人民代表大会常务委员会第五次会议通过）

第一章 总 则

第一条 为了保障电子商务各方主体的合法权益，规范电子商务行为，维护市场秩序，促进电子商务持续健康发展，制定本法。

第二条 中华人民共和国境内的电子商务活动，适用本法。

本法所称电子商务，是指通过互联网等信息网络销售商品或者提供服务的经营活动。

法律、行政法规对销售商品或者提供服务有规定的，适用其规定。金融类产品和服务，利用信息网络提供新闻信息、音视频节目、出版以及文化产品等内容方面的服务，不适用本法。

第三条 国家鼓励发展电子商务新业态，创新商业模式，促进电子商务技术研发和推广应用，推进电子商务诚信体系建设，营造有利于电子商务创新发展的市场环境，充分发挥电子商务在推动高质量发展、满足人民日益增长的美好生活需要、构建开放型经济方面的重要作用。

第四条 国家平等对待线上线下商务活动,促进线上线下融合发展,各级人民政府和有关部门不得采取歧视性的政策措施,不得滥用行政权力排除、限制市场竞争。

第五条 电子商务经营者从事经营活动,应当遵循自愿、平等、公平、诚信的原则,遵守法律和商业道德,公平参与市场竞争,履行消费者权益保护、环境保护、知识产权保护、网络安全与个人信息保护等方面的义务,承担产品和服务质量责任,接受政府和社会的监督。

第六条 国务院有关部门按照职责分工负责电子商务发展促进、监督管理等工作。县级以上地方各级人民政府可以根据本行政区域的实际情况,确定本行政区域内电子商务的部门职责划分。

第七条 国家建立符合电子商务特点的协同管理体系,推动形成有关部门、电子商务行业组织、电子商务经营者、消费者等共同参与的电子商务市场治理体系。

第八条 电子商务行业组织按照本组织章程开展行业自律,建立健全行业规范,推动行业诚信建设,监督、引导本行业经营者公平参与市场竞争。

第二章 电子商务经营者

第一节 一般规定

第九条 本法所称电子商务经营者,是指通过互联网等信息网络从事销售商品或者提供服务的经营活动的自然人、法人和非法人组织,包括电子商务平台经营者、平台内经营者以及通过自建网站、其他网络服务销售商品或者提供服务的电子商务经营者。

本法所称电子商务平台经营者,是指在电子商务中为交易双方或者多方提供网络经营场所、交易撮合、信息发布等服务,供交易双方或者多方独立开展交易活动的法人或者非法人组织。

本法所称平台内经营者,是指通过电子商务平台销售商品或者提供服务的电子商务经营者。

第十条 电子商务经营者应当依法办理市场主体登记。但是,个人销售自产农副产品、家庭手工业产品,个人利用自己的技能从事依法无须取得许可的便民劳务活动和零星小额交易活动,以及依照法律、行政法规不需要进行登记的除外。

第十一条 电子商务经营者应当依法履行纳税义务,并依法享受税收优惠。

依照前条规定不需要办理市场主体登记的电子商务经营者在首次纳税义务发生后,应当依照税收征收管理法律、行政法规的规定申请办理税务登记，并如实申报纳税。

第十二条　电子商务经营者从事经营活动，依法需要取得相关行政许可的，应当依法取得行政许可。

第十三条　电子商务经营者销售的商品或者提供的服务应当符合保障人身、财产安全的要求和环境保护要求，不得销售或者提供法律、行政法规禁止交易的商品或者服务。

第十四条　电子商务经营者销售商品或者提供服务应当依法出具纸质发票或者电子发票等购货凭证或者服务单据。电子发票与纸质发票具有同等法律效力。

第十五条　电子商务经营者应当在其首页显著位置，持续公示营业执照信息、与其经营业务有关的行政许可信息、属于依照本法第十条规定的不需要办理市场主体登记情形等信息，或者上述信息的链接标识。

前款规定的信息发生变更的，电子商务经营者应当及时更新公示信息。

第十六条　电子商务经营者自行终止从事电子商务的，应当提前三十日在首页显著位置持续公示有关信息。

第十七条　电子商务经营者应当全面、真实、准确、及时地披露商品或者服务信息，保障消费者的知情权和选择权。电子商务经营者不得以虚构交易、编造用户评价等方式进行虚假或者引人误解的商业宣传，欺骗、误导消费者。

第十八条 电子商务经营者根据消费者的兴趣爱好、消费习惯等特征向其提供商品或者服务的搜索结果的，应当同时向该消费者提供不针对其个人特征的选项，尊重和平等保护消费者合法权益。

电子商务经营者向消费者发送广告的，应当遵守《中华人民共和国广告法》的有关规定。

第十九条 电子商务经营者搭售商品或者服务，应当以显著方式提请消费者注意，不得将搭售商品或者服务作为默认同意的选项。

第二十条 电子商务经营者应当按照承诺或者与消费者约定的方式、时限向消费者交付商品或者服务，并承担商品运输中的风险和责任。但是，消费者另行选择快递物流服务提供者的除外。

第二十一条 电子商务经营者按照约定向消费者收取押金的，应当明示押金退还的方式、程序，不得对押金退还设置不合理条件。消费者申请退还押金，符合押金退还条件的，电子商务经营者应当及时退还。

第二十二条 电子商务经营者因其技术优势、用户数量、对相关行业的控制能力以及其他经营者对该电子商务经营者在交易上的依赖程度等因素而具有市场支配地位的，不得滥用市场支配地位，排除、限制竞争。

第二十三条 电子商务经营者收集、使用其用户的个人信息，应当遵守法律、行政法规有关个人信息保护的规定。

第二十四条 电子商务经营者应当明示用户信息查询、更正、删除以及用户注销的方式、程序，不得对用户信息查询、更正、删除以及用户注销设置不合理条件。

电子商务经营者收到用户信息查询或者更正、删除的申请的，应当在核实身份后及时提供查询或者更正、删除用户信息。用户注销的，电子商务经营者应当立即删除该用户的信息；依照法律、行政法规的规定或者双方约定保存的，依照其规定。

第二十五条 有关主管部门依照法律、行政法规的规定要求电子商务经营者提供有关电子商务数据信息的，电子商务经营者应当提供。有关主管部门应当采取必要措施保护电子商务经营者提供的数据信息的安全，并对其中的个人信息、隐私和商业秘密严格保密，不得泄露、出售或者非法向他人提供。

第二十六条 电子商务经营者从事跨境电子商务，应当遵守进出口监督管理的法律、行政法规和国家有关规定。

第二节　电子商务平台经营者

第二十七条　电子商务平台经营者应当要求申请进入平台销售商品或者提供服务的经营者提交其身份、地址、联系方式、行政许可等真实信息，进行核验、登记，建立登记档案，并定期核验更新。

电子商务平台经营者为进入平台销售商品或者提供服务的非经营用户提供服务，应当遵守本节有关规定。

第二十八条　电子商务平台经营者应当按照规定向市场监督管理部门报送平台内经营者的身份信息，提示未办理市场主体登记的经营者依法办理登记，并配合市场监督管理部门，针对电子商务的特点，为应当办理市场主体登记的经营者办理登记提供便利。

电子商务平台经营者应当依照税收征收管理法律、行政法规的规定，向税务部门报送平台内经营者的身份信息和与纳税有关的信息，并应当提示依照本法第十条规定不需要办理市场主体登记的电子商务经营者依照本法第十一条第二款的规定办理税务登记。

第二十九条　电子商务平台经营者发现平台内的商品或者服务信息存在违反本法第十二条、第十三条规定情形的，应当依法采取必要的处置措施，并向有关主管部门报告。

第三十条　电子商务平台经营者应当采取技术措施和其他必要措施保证其网络安全、稳定运行，防范网络违法犯罪活动，有效应对网络安全事件，保障电子商务交易安全。

电子商务平台经营者应当制定网络安全事件应急预案，发生网络安全事件时，应当立即启动应急预案，采取相应的补救措施，并向有关主管部门报告。

第三十一条 电子商务平台经营者应当记录、保存平台上发布的商品和服务信息、交易信息，并确保信息的完整性、保密性、可用性。商品和服务信息、交易信息保存时间自交易完成之日起不少于三年；法律、行政法规另有规定的，依照其规定。

第三十二条 电子商务平台经营者应当遵循公开、公平、公正的原则，制定平台服务协议和交易规则，明确进入和退出平台、商品和服务质量保障、消费者权益保护、个人信息保护等方面的权利和义务。

第三十三条 电子商务平台经营者应当在其首页显著位置持续公示平台服务协议和交易规则信息或者上述信息的链接标识，并保证经营者和消费者能够便利、完整地阅览和下载。

第三十四条 电子商务平台经营者修改平台服务协议和交易规则，应当在其首页显著位置公开征求意见，采取合理措施确保有关各方能够及时充分表达意见。修改内容应当至少在实施前七日予以公示。

平台内经营者不接受修改内容，要求退出平台的，电子商务平台经营者不得阻止，并按照修改前的服务协议和交易规则承担相关责任。

第三十五条 电子商务平台经营者不得利用服务协议、交易规则以及技术等手段，对平台内经营者在平台内的交易、交易价格以及与其他经营者的交易等进行不合理限制或者附加不合理条件，或者向平台内经营者收取不合理费用。

第三十六条 电子商务平台经营者依据平台服务协议和交易规则对平台内经营者违反法律、法规的行为实施警示、暂停或者终止服务等措施的，应当及时公示。

第三十七条 电子商务平台经营者在其平台上开展自营业务的，应当以显著方式区分标记自营业务和平台内经营者开展的业务，不得误导消费者。

电子商务平台经营者对其标记为自营的业务依法承担商品销售者或者服务提供者的民事责任。

第三十八条 电子商务平台经营者知道或者应当知道平台内经营者销售的商品或者提供的服务不符合保障人身、财产安全的要求，或者有其他侵害消费者合法权益行为，未采取必要措施的，依法与该平台内经营者承担连带责任。

对关系消费者生命健康的商品或者服务，电子商务平台经营者对平台内经营者的资质资格未尽到审核义务，或者对消费者未尽到安全保障义务，造成消费者损害的，依法承担相应的责任。

第三十九条 电子商务平台经营者应当建立健全信用评价制度，公示信用评价规则，为消费者提供对平台内销售的商品或者提供的服务进行评价的途径。

电子商务平台经营者不得删除消费者对其平台内销售的商品或者提供的服务的评价。

第四十条 电子商务平台经营者应当根据商品或者服务的价格、销量、信用等以多种方式向消费者显示商品或者服务的搜索结果；对于竞价排名的商品或者服务，应当显著标明"广告"。

第四十一条 电子商务平台经营者应当建立知识产权保护规则，与知识产权权利人加强合作，依法保护知识产权。

第四十二条 知识产权权利人认为其知识产权受到侵害的，有权通知电子商务平台经营者采取删除、屏蔽、断开链接、终止交易和服务等必要措施。通知应当包括构成侵权的初步证据。

电子商务平台经营者接到通知后，应当及时采取必要措施，并将该通知转送平台内经营者；未及时采取必要措施的，对损害的扩大部分与平台内经营者承担连带责任。

因通知错误造成平台内经营者损害的，依法承担民事责任。恶意发出错误通知，造成平台内经营者损失的，加倍承担赔偿责任。

第四十三条 平台内经营者接到转送的通知后，

可以向电子商务平台经营者提交不存在侵权行为的声明。声明应当包括不存在侵权行为的初步证据。

电子商务平台经营者接到声明后，应当将该声明转送发出通知的知识产权权利人，并告知其可以向有关主管部门投诉或者向人民法院起诉。电子商务平台经营者在转送声明到达知识产权权利人后十五日内，未收到权利人已经投诉或者起诉通知的，应当及时终止所采取的措施。

第四十四条　电子商务平台经营者应当及时公示收到的本法第四十二条、第四十三条规定的通知、声明及处理结果。

第四十五条　电子商务平台经营者知道或者应当知道平台内经营者侵犯知识产权的，应当采取删除、屏蔽、断开链接、终止交易和服务等必要措施；未采取必要措施的，与侵权人承担连带责任。

第四十六条　除本法第九条第二款规定的服务外，电子商务平台经营者可以按照平台服务协议和交易规则，为经营者之间的电子商务提供仓储、物流、支付结算、交收等服务。电子商务平台经营者为经营者之间的电子商务提供服务，应当遵守法律、行政法规和国家有关规定，不得采取集中竞价、做市商等集中交易方式进行交易，不得进行标准化合约交易。

第三章 电子商务合同的订立与履行

第四十七条 电子商务当事人订立和履行合同，适用本章和《中华人民共和国民法总则》《中华人民共和国合同法》《中华人民共和国电子签名法》等法律的规定。

第四十八条 电子商务当事人使用自动信息系统订立或者履行合同的行为对使用该系统的当事人具有法律效力。

在电子商务中推定当事人具有相应的民事行为能力。但是，有相反证据足以推翻的除外。

第四十九条 电子商务经营者发布的商品或者服务信息符合要约条件的，用户选择该商品或者服务并提交订单成功，合同成立。当事人另有约定的，从其约定。

电子商务经营者不得以格式条款等方式约定消费者支付价款后合同不成立；格式条款等含有该内容的，其内容无效。

第五十条 电子商务经营者应当清晰、全面、明确地告知用户订立合同的步骤、注意事项、下载方法等事项，并保证用户能够便利、完整地阅览和下载。

电子商务经营者应当保证用户在提交订单前可以更正输入错误。

第五十一条 合同标的为交付商品并采用快递物

流方式交付的，收货人签收时间为交付时间。合同标的为提供服务的，生成的电子凭证或者实物凭证中载明的时间为交付时间；前述凭证没有载明时间或者载明时间与实际提供服务时间不一致的，实际提供服务的时间为交付时间。

合同标的为采用在线传输方式交付的，合同标的进入对方当事人指定的特定系统并且能够检索识别的时间为交付时间。

合同当事人对交付方式、交付时间另有约定的，从其约定。

第五十二条 电子商务当事人可以约定采用快递物流方式交付商品。

快递物流服务提供者为电子商务提供快递物流服务，应当遵守法律、行政法规，并应当符合承诺的服务规范和时限。快递物流服务提供者在交付商品时，应当提示收货人当面查验；交由他人代收的，应当经收货人同意。

快递物流服务提供者应当按照规定使用环保包装材料，实现包装材料的减量化和再利用。

快递物流服务提供者在提供快递物流服务的同时，可以接受电子商务经营者的委托提供代收货款服务。

第五十三条 电子商务当事人可以约定采用电子支付方式支付价款。

电子支付服务提供者为电子商务提供电子支付服务，应当遵守国家规定，告知用户电子支付服务的功能、使用方法、注意事项、相关风险和收费标准等事项，不得附加不合理交易条件。电子支付服务提供者应当确保电子支付指令的完整性、一致性、可跟踪稽核和不可篡改。

电子支付服务提供者应当向用户免费提供对账服务以及最近三年的交易记录。

第五十四条 电子支付服务提供者提供电子支付服务不符合国家有关支付安全管理要求，造成用户损失的，应当承担赔偿责任。

第五十五条 用户在发出支付指令前，应当核对支付指令所包含的金额、收款人等完整信息。

支付指令发生错误的，电子支付服务提供者应当及时查找原因，并采取相关措施予以纠正。造成用户损失的，电子支付服务提供者应当承担赔偿责任，但能够证明支付错误非自身原因造成的除外。

第五十六条 电子支付服务提供者完成电子支付后，应当及时准确地向用户提供符合约定方式的确认支付的信息。

第五十七条 用户应当妥善保管交易密码、电子签名数据等安全工具。用户发现安全工具遗失、被盗用或者未经授权的支付的，应当及时通知电子支付服务提供者。

未经授权的支付造成的损失，由电子支付服务提供者承担；电子支付服务提供者能够证明未经授权的支付是因用户的过错造成的，不承担责任。

电子支付服务提供者发现支付指令未经授权，或者收到用户支付指令未经授权的通知时，应当立即采取措施防止损失扩大。电子支付服务提供者未及时采取措施导致损失扩大的，对损失扩大部分承担责任。

第四章　电子商务争议解决

第五十八条　国家鼓励电子商务平台经营者建立有利于电子商务发展和消费者权益保护的商品、服务质量担保机制。

电子商务平台经营者与平台内经营者协议设立消费者权益保证金的，双方应当就消费者权益保证金的提取数额、管理、使用和退还办法等做出明确约定。

消费者要求电子商务平台经营者承担先行赔偿责任以及电子商务平台经营者赔偿后向平台内经营者的追偿，适用《中华人民共和国消费者权益保护法》的有关规定。

第五十九条　电子商务经营者应当建立便捷、有效的投诉、举报机制，公开投诉、举报方式等信息，及时受理并处理投诉、举报。

第六十条　电子商务争议可以通过协商和解，请求消费者组织、行业协会或者其他依法成立的调解组织调解，向有关部门投诉，提请仲裁，或者提起诉讼等方式解决。

第六十一条　消费者在电子商务平台购买商品或者接受服务，与平台内经营者发生争议时，电子商务平台经营者应当积极协助消费者维护合法权益。

第六十二条　在电子商务争议处理中，电子商务经营者应当提供原始合同和交易记录。因电子商务经营者丢失、伪造、篡改、销毁、隐匿或者拒绝提供前述资料，致使人民法院、仲裁机构或者有关机关无法查明事实的，电子商务经营者应当承担相应的法律责任。

第六十三条　电子商务平台经营者可以建立争议在线解决机制，制定并公示争议解决规则，根据自愿原则，公平、公正地解决当事人的争议。

第五章　电子商务促进

第六十四条　国务院和省、自治区、直辖市人民政府应当将电子商务发展纳入国民经济和社会发展规划，制定科学合理的产业政策，促进电子商务创新发展。

第六十五条　国务院和县级以上地方人民政府及其有关部门应当采取措施，支持、推动绿色包装、仓储、运输，促进电子商务绿色发展。

第六十六条 国家推动电子商务基础设施和物流网络建设，完善电子商务统计制度，加强电子商务标准体系建设。

第六十七条 国家推动电子商务在国民经济各个领域的应用，支持电子商务与各产业融合发展。

第六十八条 国家促进农业生产、加工、流通等环节的互联网技术应用，鼓励各类社会资源加强合作，促进农村电子商务发展，发挥电子商务在精准扶贫中的作用。

第六十九条 国家维护电子商务交易安全，保护电子商务用户信息，鼓励电子商务数据开发应用，保障电子商务数据依法有序自由流动。

国家采取措施推动建立公共数据共享机制，促进电子商务经营者依法利用公共数据。

第七十条 国家支持依法设立的信用评价机构开展电子商务信用评价，向社会提供电子商务信用评价服务。

第七十一条 国家促进跨境电子商务发展，建立健全适应跨境电子商务特点的海关、税收、进出境检验检疫、支付结算等管理制度，提高跨境电子商务各环节便利化水平，支持跨境电子商务平台经营者等为跨境电子商务提供仓储物流、报关、报检等服务。

国家支持小型微型企业从事跨境电子商务。

第七十二条　国家进出口管理部门应当推进跨境电子商务海关申报、纳税、检验检疫等环节的综合服务和监管体系建设，优化监管流程，推动实现信息共享、监管互认、执法互助，提高跨境电子商务服务和监管效率。跨境电子商务经营者可以凭电子单证向国家进出口管理部门办理有关手续。

第七十三条　国家推动建立与不同国家、地区之间跨境电子商务的交流合作，参与电子商务国际规则的制定，促进电子签名、电子身份等国际互认。

国家推动建立与不同国家、地区之间的跨境电子商务争议解决机制。

第六章　法律责任

第七十四条　电子商务经营者销售商品或者提供服务，不履行合同义务或者履行合同义务不符合约定，或者造成他人损害的，依法承担民事责任。

第七十五条　电子商务经营者违反本法第十二条、第十三条规定，未取得相关行政许可从事经营活动，或者销售、提供法律、行政法规禁止交易的商品、服务，或者不履行本法第二十五条规定的信息提供义务，电子商务平台经营者违反本法第四十六条规定，采取集中交易方式进行交易，或者进行标准化合约交易的，依照有关法律、行政法规的规定处罚。

第七十六条 电子商务经营者违反本法规定，有下列行为之一的，由市场监督管理部门责令限期改正，可以处一万元以下的罚款，对其中的电子商务平台经营者，依照本法第八十一条第一款的规定处罚：

（一）未在首页显著位置公示营业执照信息、行政许可信息、属于不需要办理市场主体登记情形等信息，或者上述信息的链接标识的；

（二）未在首页显著位置持续公示终止电子商务的有关信息的；

（三）未明示用户信息查询、更正、删除以及用户注销的方式、程序，或者对用户信息查询、更正、删除以及用户注销设置不合理条件的。

电子商务平台经营者对违反前款规定的平台内经营者未采取必要措施的，由市场监督管理部门责令限期改正，可以处二万元以上十万元以下的罚款。

第七十七条 电子商务经营者违反本法第十八条第一款规定提供搜索结果，或者违反本法第十九条规定搭售商品、服务的，由市场监督管理部门责令限期改正，没收违法所得，可以并处五万元以上二十万元以下的罚款；情节严重的，并处二十万元以上五十万元以下的罚款。

第七十八条 电子商务经营者违反本法第二十一条规定，未向消费者明示押金退还的方式、程序，对押金退还设置不合理条件，或者不及时退还押金的，由有关主管部门责令限期改正，可以处五万元以上二十万元以下的罚款；情节严重的，处二十万元以上五十万元以下的罚款。

第七十九条 电子商务经营者违反法律、行政法规有关个人信息保护的规定，或者不履行本法第三十条和有关法律、行政法规规定的网络安全保障义务的，依照《中华人民共和国网络安全法》等法律、行政法规的规定处罚。

第八十条 电子商务平台经营者有下列行为之一的，由有关主管部门责令限期改正；逾期不改正的，处二万元以上十万元以下的罚款；情节严重的，责令停业整顿，并处十万元以上五十万元以下的罚款：

（一）不履行本法第二十七条规定的核验、登记义务的；

（二）不按照本法第二十八条规定向市场监督管理部门、税务部门报送有关信息的；

（三）不按照本法第二十九条规定对违法情形采取必要的处置措施，或者未向有关主管部门报告的；

（四）不履行本法第三十一条规定的商品和服务信息、交易信息保存义务的。

法律、行政法规对前款规定的违法行为的处罚另有规定的，依照其规定。

第八十一条 电子商务平台经营者违反本法规定，有下列行为之一的，由市场监督管理部门责令限期改正，可以处二万元以上十万元以下的罚款；情节严重的，处十万元以上五十万元以下的罚款：

（一）未在首页显著位置持续公示平台服务协议、交易规则信息或者上述信息的链接标识的；

（二）修改交易规则未在首页显著位置公开征求意见，未按照规定的时间提前公示修改内容，或者阻止平台内经营者退出的；

（三）未以显著方式区分标记自营业务和平台内经营者开展的业务的；

（四）未为消费者提供对平台内销售的商品或者提供的服务进行评价的途径，或者擅自删除消费者的评价的。

电子商务平台经营者违反本法第四十条规定，对竞价排名的商品或者服务未显著标明"广告"的，依照《中华人民共和国广告法》的规定处罚。

第八十二条 电子商务平台经营者违反本法第三十五条规定，对平台内经营者在平台内的交易、交易价格或者与其他经营者的交易等进行不合理限制或者附加不合理条件，或者向平台内经营者收取不合理费用的，由市场监督管理部门责令限期改正，可以处五万元以上五十万元以下的罚款；情节严重的，处五十万元以上二百万元以下的罚款。

第八十三条 电子商务平台经营者违反本法第三十八条规定，对平台内经营者侵害消费者合法权益行为未采取必要措施，或者对平台内经营者未尽到资质资格审核义务，或者对消费者未尽到安全保障义务的，由市场监督管理部门责令限期改正，可以处五万元以上五十万元以下的罚款；情节严重的，责令停业整顿，并处五十万元以上二百万元以下的罚款。

第八十四条 电子商务平台经营者违反本法第四十二条、第四十五条规定，对平台内经营者实施侵犯知识产权行为未依法采取必要措施的，由有关知识产权行政部门责令限期改正；逾期不改正的，处五万元以上五十万元以下的罚款；情节严重的，处五十万元以上二百万元以下的罚款。

第八十五条 电子商务经营者违反本法规定，销售的商品或者提供的服务不符合保障人身、财产安全的要求，实施虚假或者引人误解的商业宣传等不正当竞争行为，滥用市场支配地位，或者实施侵犯知识产权、侵害消费者权益等行为的，依照有关法律的规定处罚。

第八十六条 电子商务经营者有本法规定的违法行为的，依照有关法律、行政法规的规定记入信用档案，并予以公示。

第八十七条 依法负有电子商务监督管理职责的部门的工作人员，玩忽职守、滥用职权、徇私舞弊，或者泄露、出售或者非法向他人提供在履行职责中所知悉的个人信息、隐私和商业秘密的，依法追究法律责任。

第八十八条 违反本法规定，构成违反治安管理行为的，依法给予治安管理处罚；构成犯罪的，依法追究刑事责任。

第七章　附　　则

第八十九条 本法自 2019 年 1 月 1 日起施行。

二、商务部　发展改革委　财政部　海关总署　税务总局　市场监管总局关于完善跨境电子商务零售进口监管有关工作的通知

商财发〔2018〕486号

为做好跨境电子商务零售进口（以下简称跨境电商零售进口）监管过渡期后政策衔接，促进跨境电商零售进口健康发展，经国务院同意，现将过渡期后有关监管安排通知如下：

一、本通知所称跨境电商零售进口，是指中国境内消费者通过跨境电商第三方平台经营者自境外购买商品，并通过"网购保税进口"（海关监管方式代码1210）或"直购进口"（海关监管方式代码9610）运递进境的消费行为。上述商品应符合以下条件：

（一）属于《跨境电子商务零售进口商品清单》内、限于个人自用并满足跨境电商零售进口税收政策规定的条件。

（二）通过与海关联网的电子商务交易平台交易，能够实现交易、支付、物流电子信息"三单"比对。

（三）未通过与海关联网的电子商务交易平台交

易，但进出境快件运营人、邮政企业能够接受相关电商企业、支付企业的委托，承诺承担相应法律责任，向海关传输交易、支付等电子信息。

二、跨境电商零售进口主要包括以下参与主体：

（一）跨境电商零售进口经营者（以下简称跨境电商企业）：自境外向境内消费者销售跨境电商零售进口商品的境外注册企业，为商品的货权所有人。

（二）跨境电商第三方平台经营者（以下简称跨境电商平台）：在境内办理工商登记，为交易双方（消费者和跨境电商企业）提供网页空间、虚拟经营场所、交易规则、交易撮合、信息发布等服务，设立供交易双方独立开展交易活动的信息网络系统的经营者。

（三）境内服务商：在境内办理工商登记，接受跨境电商企业委托为其提供申报、支付、物流、仓储等服务，具有相应运营资质，直接向海关提供有关支付、物流和仓储信息，接受海关、市场监管等部门后续监管，承担相应责任的主体。

（四）消费者：跨境电商零售进口商品的境内购买人。

三、对跨境电商零售进口商品按个人自用进境物品监管，不执行有关商品首次进口许可批件、注册或备案要求。但对相关部门明令暂停进口的疫区商品，和对出现重大质量安全风险的商品启动风险应急处置时除外。

四、按照"政府部门、跨境电商企业、跨境电商平台、境内服务商、消费者各负其责"的原则,明确各方责任,实施有效监管。

(一)跨境电商企业

1.承担商品质量安全的主体责任,并按规定履行相关义务。应委托一家在境内办理工商登记的企业,由其在海关办理注册登记,承担如实申报责任,依法接受相关部门监管,并承担民事连带责任。

2.承担消费者权益保障责任,包括但不限于商品信息披露、提供商品退换货服务、建立不合格或缺陷商品召回制度、对商品质量侵害消费者权益的赔付责任等。当发现相关商品存在质量安全风险或发生质量安全问题时,应立即停止销售,召回已销售商品并妥善处理,防止其再次流入市场,并及时将召回和处理情况向海关等监管部门报告。

3.履行对消费者的提醒告知义务,会同跨境电商平台在商品订购网页或其他醒目位置向消费者提供风险告知书,消费者确认同意后方可下单购买。告知书应至少包含以下内容:

(1)相关商品符合原产地有关质量、安全、卫生、环保、标识等标准或技术说明要求,但可能与我国标准存在差异。消费者自行承担相关风险。

（2）相关商品直接购自境外，可能无中文标签，消费者可通过网站查看商品中文电子标签。

（3）消费者购买的商品仅限个人自用，不得再次销售。

4. 建立商品质量安全风险防控机制，包括收发货质量管理、库内质量管控、供应商管理等。

5. 建立健全网购保税进口商品质量追溯体系，追溯信息应至少涵盖国外启运地至国内消费者的完整物流轨迹，鼓励向海外发货人、商品生产商等上游溯源。

6. 向海关实时传输施加电子签名的跨境电商零售进口交易电子数据，可自行或委托代理人向海关申报清单，并承担相应责任。

（二）跨境电商平台

1. 平台运营主体应在境内办理工商登记，并按相关规定在海关办理注册登记，接受相关部门监管，配合开展后续管理和执法工作。

2. 向海关实时传输施加电子签名的跨境电商零售进口交易电子数据，并对交易真实性、消费者身份真实性进行审核，承担相应责任。

3. 建立平台内交易规则、交易安全保障、消费者权益保护、不良信息处理等管理制度。对申请入驻平台的跨境电商企业进行主体身份真实性审核,在网站公示主体身份信息和消费者评价、投诉信息,并向监管部门提供平台入驻商家等信息。与申请入驻平台的跨境电商企业签署协议,就商品质量安全主体责任、消费者权益保障以及本通知其他相关要求等方面明确双方责任、权利和义务。

4.对平台入驻企业既有跨境电商企业,也有国内电商企业的,应建立相互独立的区块或频道为跨境电商企业和国内电商企业提供平台服务,或以明显标识对跨境电商零售进口商品和非跨境商品予以区分,避免误导消费者。

5.建立消费纠纷处理和消费维权自律制度,消费者在平台内购买商品,其合法权益受到损害时,平台须积极协助消费者维护自身合法权益,并履行先行赔付责任。

6.建立商品质量安全风险防控机制,在网站醒目位置及时发布商品风险监测信息、监管部门发布的预警信息等。督促跨境电商企业加强质量安全风险防控,当商品发生质量安全问题时,敦促跨境电商企业做好商品召回、处理,并做好报告工作。对不采取主动召回处理措施的跨境电商企业,可采取暂停其跨境电商业务的处罚措施。

7.建立防止跨境电商零售进口商品虚假交易及二

次销售的风险控制体系，加强对短时间内同一购买人、同一支付账户、同一收货地址、同一收件电话反复大量订购，以及盗用他人身份进行订购等非正常交易行为的监控，采取相应措施予以控制。

8.根据监管部门要求，对平台内在售商品进行有效管理，及时关闭平台内禁止以跨境电商零售进口形式入境商品的展示及交易页面，并将有关情况报送相关部门。

（三）境内服务商

1.在境内办理工商登记，向海关提交相关资质证书并办理注册登记。其中：提供支付服务的银行机构应具备银保监会或原银监会颁发的《金融许可证》，非银行支付机构应具备人民银行颁发的《支付业务许可证》，支付业务范围应包括"互联网支付"；物流企业应取得国家邮政局颁发的《快递业务经营许可证》。

2.支付、物流企业应如实向监管部门实时传输施加电子签名的跨境电商零售进口支付、物流电子信息，并对数据真实性承担相应责任。

3.报关企业接受跨境电商企业委托向海关申报清单，承担如实申报责任。

4.物流企业应向海关开放物流实时跟踪信息共享

接口，严格按照交易环节所制发的物流信息开展跨境电商零售进口商品的国内派送业务。对于发现国内实际派送与通关环节所申报物流信息（包括收件人和地址）不一致的，应终止相关派送业务，并及时向海关报告。

（四）消费者

1. 为跨境电商零售进口商品税款的纳税义务人。跨境电商平台、物流企业或报关企业为税款代扣代缴义务人，向海关提供税款担保，并承担相应的补税义务及相关法律责任。

2. 购买前应当认真、详细阅读电商网站上的风险告知书内容，结合自身风险承担能力做出判断，同意告知书内容后方可下单购买。

3. 对于已购买的跨境电商零售进口商品，不得再次销售。

（五）政府部门

1. 海关对跨境电商零售进口商品实施质量安全风险监测，在商品销售前按照法律法规实施必要的检疫，并视情发布风险警示。建立跨境电商零售进口商品重大质量安全风险应急处理机制，市场监管部门加大跨境电商零售进口商品召回监管力度，督促跨境电商企业和跨境电商平台消除已销售商品安全隐患，依法实施召回，海关责令相关企业对不合格或存在质量安全问题的商品采取风险消减措施，对尚未销售的按货物实施监管，并依法追究相关经营主体责任。对食品类跨境电商零售进口商品优化完善监管措施，做好质量安全风险防控。

2. 原则上不允许网购保税进口商品在海关特殊监管区域外开展"网购保税＋线下自提"模式。

3. 将跨境电商零售进口相关企业纳入海关信用管理，根据信用等级不同，实施差异化的通关管理措施。对认定为诚信企业的，依法实施通关便利；对认定为失信企业的，依法实施严格监管措施。将高级认证企业信息和失信企业信息共享至全国信用信息共享平台，通过"信用中国"网站和国家企业信用信息公示系统向社会公示，并依照有关规定实施联合激励与联合惩戒。

4. 涉嫌走私或违反海关监管规定的跨境电商企业、平台、境内服务商，应配合海关调查，开放交易生产数据（ERP数据）或原始记录数据。

5. 海关对违反本通知规定参与制造或传输虚假"三单"信息、为二次销售提供便利、未尽责审核订购人身份信息真实性等，导致出现个人身份信息或年度购买额度被盗用、进行二次销售及其他违反海关监管规定情况的企业依法进行处罚。对涉嫌走私或违规的,由海关依法处理;构成犯罪的,依法追究刑事责任。对利用其他公民身份信息非法从事跨境电商零售进口业务的,海关按走私违规处理,并按违法利用公民信息的有关法律规定移交相关部门处理。对不涉嫌走私违规、首次发现的,进行约谈或暂停业务责令整改;再次发现的,一定时期内不允许其从事跨境电商零售进口业务,并交由其他行业主管部门按规定实施查处。

6.对企业和个体工商户在国内市场销售的《跨境电子商务零售进口商品清单》范围内的、无合法进口证明或相关证明显示采购自跨境电商零售进口渠道的商品,市场监管部门依职责实施查处。

五、各试点城市人民政府(平潭综合实验区管委会)作为本地区跨境电商零售进口监管政策试点工作的责任主体,负责本地区试点工作的组织领导、实施推动、综合协调、监督管理及措施保障,确保本地区试点工作顺利推进。试点过程中的重大问题及情况请及时报商务部等有关部门。

六、本通知适用于北京、天津、上海、唐山、呼和浩特、沈阳、大连、长春、哈尔滨、南京、苏州、无锡、杭州、宁波、义乌、合肥、福州、厦门、南昌、青岛、威海、郑州、武汉、长沙、广州、深圳、珠海、东莞、南宁、海口、重庆、成都、贵阳、昆明、西安、兰州、平潭等37个城市（地区）的跨境电商零售进口业务，自2019年1月1日起执行。非试点城市的直购进口业务，参照本通知相关规定执行。

为帮助企业平稳过渡，对尚不满足通知监管要求的企业，允许其在2019年3月31日前继续按过渡期内监管安排执行。本通知适用范围以外且按规定享受跨境电商零售进口税收政策的，继续按《跨境电子商务零售进口商品清单（2018版）》尾注中的监管要求执行。

商务部　发展改革委　财政部

海关总署　税务总局　市场监管总局

2018年11月28日

三、财政部 海关总署 税务总局关于完善跨境电子商务零售进口税收政策的通知

财关税〔2018〕49号

各省、自治区、直辖市、计划单列市财政厅（局），新疆生产建设兵团财政局，海关总署广东分署、各直属海关，国家税务总局各省、自治区、直辖市、计划单列市税务局，国家税务总局驻各地特派员办事处：

为促进跨境电子商务零售进口行业的健康发展，营造公平竞争的市场环境，现将完善跨境电子商务零售进口税收政策有关事项通知如下：

一、将跨境电子商务零售进口商品的单次交易限值由人民币2000元提高至5000元，年度交易限值由人民币20000元提高至26000元。

二、完税价格超过5000元单次交易限值但低于26000元年度交易限值，且订单下仅一件商品时，可以自跨境电商零售渠道进口，按照货物税率全额征收关税和进口环节增值税、消费税，交易额计入年度

交易总额，但年度交易总额超过年度交易限值的，应按一般贸易管理。

三、已经购买的电商进口商品属于消费者个人使用的最终商品，不得进入国内市场再次销售；原则上不允许网购保税进口商品在海关特殊监管区域外开展"网购保税+线下自提"模式。

四、其他事项请继续按照《财政部 海关总署 税务总局关于跨境电子商务零售进口税收政策的通知》（财关税〔2016〕18号）有关规定执行。

五、为适应跨境电商发展，财政部会同有关部门对《跨境电子商务零售进口商品清单》进行了调整，将另行公布。

本通知自2019年1月1日起执行。

特此通知。

财政部 海关总署 税务总局

2018年11月29日

四、财政部 发展改革委 工业和信息化部 生态环境部 农业农村部 商务部 人民银行 海关总署 税务总局 市场监管总局 药监局 密码局 瀕管办关于调整跨境电商零售进口商品清单的公告

2018 年第 157 号

为促进跨境电子商务零售进口的健康发展，现将《跨境电子商务零售进口商品清单（2018 年版）》予以公布，自 2019 年 1 月 1 日起实施。

本清单实施后，《财政部等 11 个部门关于公布跨境电子商务零售进口商品清单的公告（2016 年第 40 号）》和《财政部等 13 个部门关于公布跨境电子商务零售进口商品清单（第二批）的公告（2016 年第 47 号）》所附的两批清单同时废止。

附件：跨境电子商务零售进口商品清单（2018 年版）（略）

财政部 发展改革委 工业和信息化部 生态环境部
农业农村部 商务部 人民银行 海关总署 税务总局
市场监管总局 药监局 密码局 瀕管办

2018 年 11 月 20 日

五、海关总署关于规范跨境电子商务支付企业登记管理的公告

海关总署公告 2018 年第 27 号

为进一步规范海关跨境电子商务监管工作，现将验核跨境电子商务支付企业资质有关事项公告如下：

一、自本公告发布之日起，跨境电子商务支付企业在向海关办理注册登记或信息登记手续时，应当提交相关资质证书。其中，提供跨境电子商务支付服务的银行机构提交中国银保监会或者原中国银监会颁发的《金融许可证》复印件；非银行支付机构提交中国人民银行颁发的《支付业务许可证》复印件，支付业务范围应当包括"互联网支付"。

企业按照前款规定提交复印件的，应当同时向海关交验原件。

二、跨境电子商务支付企业向海关办理注册登记手续的，按照《中华人民共和国海关报关单位注册登记管理规定》（海关总署令第 221 号）提交相关材料，同时提交相关资质证书；跨境电子商务支付企业向海关办理信息登记手续的，按照海关总署 2016 年

第 26 号公告规定提交相关材料，同时提交相关资质证书。

三、在本公告发布之日前已经办理海关注册登记或信息登记的跨境电子商务支付企业，应当于 2018 年 5 月 31 日前向所在地海关补充提交相关资质证书，没有补充提交的，其海关跨境电子商务支付企业信息不再有效。

特此公告。

海关总署
2018 年 4 月 13 日

六、海关总署关于跨境电子商务统一版信息化系统企业接入事宜的公告

海关总署公告 2018 年第 56 号

为促进跨境电子商务发展，提供便利通关服务，现将跨境电子商务零售统一版信息化系统（以下简称跨境统一版系统）企业接入相关事宜公告如下：

一、支持提供跨境统一版系统清单录入功能。电子商务企业或其代理人可登录"互联网+海关"一体化网上办事服务平台使用"跨境电子商务"功能进行清单录入、修改、申报、查询等操作。

二、公开跨境统一版系统企业对接报文标准。参与跨境电子商务业务的企业、第三方平台按照标准自行开发或市场化采购接入服务，相关授权开通等事宜按照海关总署公告〔2016〕16号和海关总署公告〔2017〕20号办理。有关报文规范和经过海关验证的传输协议及接入服务产品参见《海关跨境统一版系统企业对接报文规范（试行）》（详见附件1）。

三、企业对于其向海关所申报及传输的电子数据承担法律责任。电子单证数据使用数字签名技术，其

中电子订单、支付单、运单的数字签名实施过渡期自公告执行之日起 3 个月。具体如下表所示：

表 1　进口业务单证责任主体

序号	业务单证	责任主体	数字签名
1	进口清单	电商企业或其代理人	是
2	电子订单	电商企业或电商平台或受委托的快件运营人、邮政企业	是
3	支付单	支付企业或受委托的快件运营人、邮政企业	是
4	运单	物流企业	是
5	运单状态	物流企业	是
6	撤销申请单	电商企业或其代理人	是
7	退货申请单	电商企业或其代理人	是
8	入库明细单	海关监管作业场所经营企业	是

表 2　出口业务单证责任主体

序号	业务单证	责任主体	数字签名
1	出口清单	电商企业或其代理人	是
2	电子订单	电商企业或电商平台	是
3	收款单	电商企业	是
4	运单	物流企业	是
5	运抵单	海关监管作业场所经营企业	是
6	离境单	物流企业	是
7	清单总分单	电商企业或其代理人	是
8	撤销申请单	电商企业或其代理人	是
9	汇总申请单	电商企业或其代理人	是

企业数字签名的技术要求及密码产品选型参见《海关跨境统一版系统密码产品选型和使用指南》(详见附件2),请企业根据实际业务配置。

四、有关跨境统一版系统企业用户操作手册及企业对接报文标准等附件文档,如有变更将通过"互联网+海关"一体化网上办事服务平台"文档资料"栏目及时发布。

以上事宜可咨询海关服务热线:12360。

本公告内容自2018年6月30日起执行。海关总署公告〔2016〕57号同时废止。

特此公告。

附件:1.海关跨境统一版系统企业对接报文规范(略)

2.海关跨境统一版系统密码产品选型和使用指南(略)

海关总署

2018年6月14日

七、海关总署关于修订跨境电子商务统一版信息化系统企业接入报文规范的公告

海关总署公告 2018 年第 113 号

根据关检融合需求,现将跨境电子商务统一版信息化系统企业申报数据项接入报文规范修订事宜公告如下:

一、报文修订情况详见下表:

序号	中文名称	英文名称	数据格式	是否必填	说明	变更内容
进口清单表体						
1	商品规格型号	gmodel	C..510	是	填写品名、牌名、规格、型号、成份、含量、等级等,满足海关归类、审价、监管要求	由 C..250 扩充为 C..510
2	贸易国	tradeCountry	C3	否	按海关规定的《国别(地区)代码表》选择填报相应的贸易国(地区)代码。	新增填制要求

续表

序号	中文名称	英文名称	数据格式	是否必填	说明	变更内容
进口电子订单表头							
3	订购人电话	buyerTelephone	C..30	是	海关监管对象的电话，要求实际联系电话	新增填制要求
进口电子订单表体							
4	商品规格型号	gmodel	C..510	是	满足海关归类、审价以及监管的要求为准。包括：品名、牌名、规格、型号、成份、含量、等级等	新增填制要求
进口运单表头							
5	订单编号	orderNo	C..60	是	交易平台的订单编号，同一交易平台应唯一。	新增填制要求

修订后的报文规范和经过海关验证的传输协议及接入服务产品参见《海关跨境统一版系统企业对接报文规范（试行）》（详见附件1）。

二、企业对于其向海关所申报及传输的电子数据承担法律责任，电子单证数据使用数字签名技术。具体如下表所示：

表1 进口业务单证责任主体

序号	业务单证	责任主体	数字签名
1	进口清单	电商企业或其代理人	是
2	电子订单	电商企业或电商平台 或受委托的快件运营人、邮政企业	是
3	支付单	支付企业 或受委托的快件运营人、邮政企业	是
4	运单	物流企业	是
5	运单状态	物流企业	是
6	撤销申请单	电商企业或其代理人	是
7	退货申请单	电商企业或其代理人	是
8	入库明细单	海关监管作业场所经营企业	是

表2 出口业务单证责任主体

序号	业务单证	责任主体	数字签名
1	出口清单	电商企业或其代理人	是
2	电子订单	电商企业或电商平台	是
3	收款单	电商企业	是
4	运单	物流企业	是
5	运抵单	海关监管作业场所经营企业	是
6	离境单	物流企业	是
7	清单总分单	电商企业或其代理人	是
8	撤销申请单	电商企业或其代理人	是
9	汇总申请单	电商企业或其代理人	是

企业数字签名的技术要求及密码产品选型参见《海关跨境统一版系统密码产品选型和使用指南》（详见附件2），请企业根据实际业务配置。

三、支持提供跨境统一版系统清单录入功能。电子商务企业或其代理人可登录"互联网+海关"一体化网上办事服务平台使用"跨境电子商务"功能进行清单录入、修改、申报、查询等操作。

四、有关跨境统一版系统企业用户操作手册及企业对接报文标准等附件文档，如有变更将通过"互联网+海关"一体化网上办事服务平台"文档资料"栏目及时发布。

本公告自2018年9月30日起施行，海关总署2018年第56号公告同时废止。

以上事宜可咨询海关服务热线：12360。

特此公告。

附件：1. 海关跨境统一版系统企业对接报文规范（试行）（略）

2. 海关跨境统一版系统密码产品选型和使用指南（略）

海关总署

2018年9月4日

八、海关总署关于实时获取跨境电子商务平台企业支付相关原始数据有关事宜的公告

海关总署公告 2018 年第 165 号

为进一步规范跨境电子商务零售进口业务的监管工作，根据《中华人民共和国电子商务法》有关规定，现将海关实时获取跨境电子商务平台企业支付相关原始数据有关事宜公告如下：

一、参与跨境电子商务零售进口业务的跨境电商平台企业应当向海关开放支付相关原始数据，供海关验核。

二、上述开放数据包括订单号、商品名称、交易金额、币制、收款人相关信息、商品展示链接地址、支付交易流水号、验核机构、交易成功时间以及海关认为必要的其他数据。

三、跨境电子商务零售进口统一版信息化系统原始数据实时获取方案详见附件。

本公告自 2019 年 1 月 1 日起执行。

特此公告。

附件：跨境电子商务零售进口统一版信息化系统原始数据实时获取方案（略）

海关总署

2018年11月8日

九、海关总署关于实时获取跨境电子商务平台企业支付相关原始数据接入有关事宜的公告

海关总署公告 2018 年第 179 号

为做好海关总署 2018 年 165 号公告执行工作，现就海关实时获取跨境电子商务平台企业支付相关原始数据企业接入有关事宜公告如下：

一、支付相关原始数据的接口文档及接入方式参见《海关跨境电商进口统一版信息化系统平台数据实时获取接口（试行）》（详见附件）。有关接口如有变更将通过"互联网＋海关"一体化网上办事服务平台"文档资料"栏目及时发布。

二、跨境电子商务平台使用数字签名技术向海关提供数据，并对所提数据承担法律责任。

本公告自 2019 年 1 月 1 日起施行。

特此公告。

附件：海关跨境电商进口统一版信息化系统平台数据实时获取接口（试行）（略）

海关总署

2018 年 12 月 3 日

十、海关总署关于跨境电子商务零售进出口商品有关监管事宜的公告

海关总署公告 2018 年第 194 号

为做好跨境电子商务零售进出口商品监管工作，促进跨境电子商务健康有序发展，根据《中华人民共和国海关法》、《中华人民共和国进出境动植物检疫法》、《中华人民共和国进出口商品检验法》、《中华人民共和国电子商务法》等法律法规和《商务部 发展改革委 财政部 海关总署 税务总局 市场监管总局关于完善跨境电子商务零售进口监管有关工作的通知》（商财发〔2018〕486号）等国家有关跨境电子商务零售进出口相关政策规定，现就海关监管事宜公告如下：

一、适用范围

（一）跨境电子商务企业、消费者（订购人）通过跨境电子商务交易平台实现零售进出口商品交易，并根据海关要求传输相关交易电子数据的，按照本公告接受海关监管。

二、企业管理

（二）跨境电子商务平台企业、物流企业、支付企业等参与跨境电子商务零售进口业务的企业，应当依据海关报关单位注册登记管理相关规定，向所在地海关办理注册登记；境外跨境电子商务企业应委托境内代理人（以下称跨境电子商务企业境内代理人）向该代理人所在地海关办理注册登记。

跨境电子商务企业、物流企业等参与跨境电子商务零售出口业务的企业，应当向所在地海关办理信息登记；如需办理报关业务，向所在地海关办理注册登记。

物流企业应获得国家邮政管理部门颁发的《快递业务经营许可证》。直购进口模式下，物流企业应为邮政企业或者已向海关办理代理报关登记手续的进出境快件运营人。

支付企业为银行机构的，应具备银保监会或者原银监会颁发的《金融许可证》；支付企业为非银行支付机构的，应具备中国人民银行颁发的《支付业务许可证》，支付业务范围应当包括"互联网支付"。

（三）参与跨境电子商务零售进出口业务并在海关注册登记的企业，纳入海关信用管理，海关根据信用等级实施差异化的通关管理措施。

三、通关管理

（四）对跨境电子商务直购进口商品及适用"网购保税进口"（监管方式代码1210）进口政策的商品，

按照个人自用进境物品监管，不执行有关商品首次进口许可批件、注册或备案要求。但对相关部门明令暂停进口的疫区商品和对出现重大质量安全风险的商品启动风险应急处置时除外。

适用"网购保税进口A"（监管方式代码1239）进口政策的商品，按《跨境电子商务零售进口商品清单（2018版）》尾注中的监管要求执行。

（五）海关对跨境电子商务零售进出口商品及其装载容器、包装物按照相关法律法规实施检疫，并根据相关规定实施必要的监管措施。

（六）跨境电子商务零售进口商品申报前，跨境电子商务平台企业或跨境电子商务企业境内代理人、支付企业、物流企业应当分别通过国际贸易"单一窗口"或跨境电子商务通关服务平台向海关传输交易、支付、物流等电子信息，并对数据真实性承担相应责任。

直购进口模式下，邮政企业、进出境快件运营人可以接受跨境电子商务平台企业或跨境电子商务企业境内代理人、支付企业的委托，在承诺承担相应法律责任的前提下，向海关传输交易、支付等电子信息。

（七）跨境电子商务零售出口商品申报前，跨境电子商务企业或其代理人、物流企业应当分别通过国际贸易"单一窗口"或跨境电子商务通关服务平台向海关传输交易、收款、物流等电子信息，并对数据真实性承担相应法律责任。

（八）跨境电子商务零售商品进口时，跨境电子商务企业境内代理人或其委托的报关企业应提交《中华人民共和国海关跨境电子商务零售进出口商品申报清单》（以下简称《申报清单》），采取"清单核放"方式办理报关手续。

跨境电子商务零售商品出口时，跨境电子商务企业或其代理人应提交《申报清单》，采取"清单核放、汇总申报"方式办理报关手续；跨境电子商务综合试验区内符合条件的跨境电子商务零售商品出口，可采取"清单核放、汇总统计"方式办理报关手续。

《申报清单》与《中华人民共和国海关进（出）口货物报关单》具有同等法律效力。

按照上述第（六）至（八）条要求传输、提交的电子信息应施加电子签名。

（九）开展跨境电子商务零售进口业务的跨境电子商务平台企业、跨境电子商务企业境内代理人应对交易真实性和消费者（订购人）身份信息真实性进行审核，并承担相应责任；身份信息未经国家主管部门或其授权的机构认证的，订购人与支付人应当为同一人。

（十）跨境电子商务零售商品出口后，跨境电子商务企业或其代理人应当于每月15日前（当月15日是法定节假日或者法定休息日的，顺延至其后的第一个工作日），将上月结关的《申报清单》依据清单表头同一收发货人、同一运输方式、同一生产销售单位、同一运抵国、同一出境关别，以及清单表体同一最终目的国、同一10位海关商品编码、同一币制的规则进行归并，汇总形成《中华人民共和国海关出口货物报关单》向海关申报。

允许以"清单核放、汇总统计"方式办理报关手续的，不再汇总形成《中华人民共和国海关出口货物报关单》。

（十一）《申报清单》的修改或者撤销，参照海关《中华人民共和国海关进（出）口货物报关单》修改或者撤销有关规定办理。

除特殊情况外，《申报清单》、《中华人民共和国海关进（出）口货物报关单》应当采取通关无纸化作业方式进行申报。

四、税收征管

（十二）对跨境电子商务零售进口商品，海关按照国家关于跨境电子商务零售进口税收政策征收关税和进口环节增值税、消费税，完税价格为实际交易价格，包括商品零售价格、运费和保险费。

（十三）跨境电子商务零售进口商品消费者（订购人）为纳税义务人。在海关注册登记的跨境电子商务平台企业、物流企业或申报企业作为税款的代收代缴义务人，代为履行纳税义务，并承担相应的补税义务及相关法律责任。

（十四）代收代缴义务人应当如实、准确向海关申报跨境电子商务零售进口商品的商品名称、规格型号、税则号列、实际交易价格及相关费用等税收征管要素。

跨境电子商务零售进口商品的申报币制为人民币。

（十五）为审核确定跨境电子商务零售进口商品的归类、完税价格等，海关可以要求代收代缴义务人按照有关规定进行补充申报。

（十六）海关对符合监管规定的跨境电子商务零售进口商品按时段汇总计征税款，代收代缴义务人应当依法向海关提交足额有效的税款担保。

海关放行后30日内未发生退货或修撤单的，代收代缴义务人在放行后第31日至第45日内向海关办理纳税手续。

五、场所管理

（十七）跨境电子商务零售进出口商品监管作业场所必须符合海关相关规定。跨境电子商务监管作业场所经营人、仓储企业应当建立符合海关监管要求的计算机管理系统，并按照海关要求交换电子数据。其中开展跨境电子商务直购进口或一般出口业务的监管作业场所应按照快递类或者邮递类海关监管作业场所规范设置。

（十八）跨境电子商务网购保税进口业务应当在海关特殊监管区域或保税物流中心（B型）内开展。除另有规定外，参照本公告规定监管。

六、检疫、查验和物流管理

（十九）对需在进境口岸实施的检疫及检疫处理工作，应在完成后方可运至跨境电子商务监管作业场所。

（二十）网购保税进口业务：一线入区时以报关单方式进行申报，海关可以采取视频监控、联网核查、实地巡查、库存核对等方式加强对网购保税进口商品的实货监管。

（二十一）海关实施查验时，跨境电子商务企业或其代理人、跨境电子商务监管作业场所经营人、仓储企业应当按照有关规定提供便利，配合海关查验。

（二十二）跨境电子商务零售进出口商品可采用"跨境电商"模式进行转关。其中，跨境电子商务综合试验区所在地海关可将转关商品品名以总运单形式录入"跨境电子商务商品一批"，并需随附转关商品详细电子清单。

（二十三）网购保税进口商品可在海关特殊监管区域或保税物流中心（B型）间流转，按有关规定办理流转手续。以"网购保税进口"（监管方式代码1210）海关监管方式进境的商品，不得转入适用"网购保税进口A"（监管方式代码1239）的城市继续开展跨境电子商务零售进口业务。网购保税进口商品可在同一区域（中心）内的企业间进行流转。

七、退货管理

（二十四）在跨境电子商务零售进口模式下，允许跨境电子商务企业境内代理人或其委托的报关企业申请退货，退回的商品应当符合二次销售要求并在海关放行之日起30日内以原状运抵原监管作业场所，相应税款不予征收，并调整个人年度交易累计金额。

在跨境电子商务零售出口模式下，退回的商品按照有关规定办理有关手续。

（二十五）对超过保质期或有效期、商品或包装损毁、不符合我国有关监管政策等不适合境内销售的跨境电子商务零售进口商品，以及海关责令退运的跨境电子商务零售进口商品，按照有关规定退运出境或销毁。

八、其他事项

（二十六）从事跨境电子商务零售进出口业务的企业应向海关实时传输真实的业务相关电子数据和电子信息，并开放物流实时跟踪等信息共享接口，加强对海关风险防控方面的信息和数据支持，配合海关进行有效管理。

跨境电子商务企业及其代理人、跨境电子商务平台企业应建立商品质量安全等风险防控机制，加强对商品质量安全以及虚假交易、二次销售等非正常交易行为的监控,并采取相应处置措施。

跨境电子商务企业不得进出口涉及危害口岸公共卫生安全、生物安全、进出口食品和商品安全、侵犯知识产权的商品以及其他禁限商品,同时应当建立健全商品溯源机制并承担质量安全主体责任。鼓励跨境电子商务平台企业建立并完善进出口商品安全自律监管体系。

消费者(订购人)对于已购买的跨境电子商务零售进口商品不得再次销售。

(二十七)海关对跨境电子商务零售进口商品实施质量安全风险监测,责令相关企业对不合格或存在质量安全问题的商品采取风险消减措施,对尚未销售的按货物实施监管,并依法追究相关经营主体责任;对监测发现的质量安全高风险商品发布风险警示并采取相应管控措施。海关对跨境电子商务零售进口商品在商品销售前按照法律法规实施必要的检疫,并视情发布风险警示。

(二十八)跨境电子商务平台企业、跨境电子商务企业或其代理人、物流企业、跨境电子商务监管作业场所经营人、仓储企业发现涉嫌违规或走私行为的,应当及时主动告知海关。

(二十九)涉嫌走私或违反海关监管规定的参与跨境电子商务业务的企业,应配合海关调查,开放交易生产数据或原始记录数据。

海关对违反本公告,参与制造或传输虚假交易、支付、物流"三单"信息、为二次销售提供便利、未尽责审核消费者(订购人)身份信息真实性等,导致出现个人身份信息或年度购买额度被盗用、进行二次销售及其他违反海关监管规定情况的企业依法进行处罚。对涉嫌走私或违规的,由海关依法处理;构成犯罪的,依法追究刑事责任。对利用其他公民身份信息非法从事跨境电子商务零售进口业务的,海关按走私违规处理,并按违法利用公民信息的有关法律规定移交相关部门处理。对不涉嫌走私违规、首次发现的,进行约谈或暂停业务责令整改;再次发现的,一定时期内不允许其从事跨境电子商务零售进口业务,并交由其他行业主管部门按规定实施查处。

(三十)在海关注册登记的跨境电子商务企业及其境内代理人、跨境电子商务平台企业、支付企业、物流企业等应当接受海关稽核查。

(三十一)本公告有关用语的含义:

"跨境电子商务企业"是指自境外向境内消费者销售跨境电子商务零售进口商品的境外注册企业(不包括在海关特殊监管区域或保税物流中心内注册的企业),或者境内向境外消费者销售跨境电子商务零售出口商品的企业,为商品的货权所有人。

"跨境电子商务企业境内代理人"是指开展跨境

电子商务零售进口业务的境外注册企业所委托的境内代理企业，由其在海关办理注册登记，承担如实申报责任，依法接受相关部门监管，并承担民事责任。

"跨境电子商务平台企业"是指在境内办理工商登记，为交易双方（消费者和跨境电子商务企业）提供网页空间、虚拟经营场所、交易规则、信息发布等服务，设立供交易双方独立开展交易活动的信息网络系统的经营者。

"支付企业"是指在境内办理工商登记，接受跨境电子商务平台企业或跨境电子商务企业境内代理人委托为其提供跨境电子商务零售进口支付服务的银行、非银行支付机构以及银联等。

"物流企业"是指在境内办理工商登记，接受跨境电子商务平台企业、跨境电子商务企业或其代理人委托为其提供跨境电子商务零售进出口物流服务的企业。

"消费者（订购人）"是指跨境电子商务零售进口商品的境内购买人。

"国际贸易'单一窗口'"是指由国务院口岸工作部际联席会议统筹推进，依托电子口岸公共平台建设的一站式贸易服务平台。申报人（包括参与跨境电子商务的企业）通过"单一窗口"向海关等口岸管理相关部门一次性申报，口岸管理相关部门通过电子口岸平台共享信息数据、实施职能管理，将执法结果通过

"单一窗口"反馈申报人。

"跨境电子商务通关服务平台"是指由电子口岸搭建，实现企业、海关以及相关管理部门之间数据交换与信息共享的平台。

适用"网购保税进口"（监管方式代码1210）进口政策的城市：天津、上海、重庆、大连、杭州、宁波、青岛、广州、深圳、成都、苏州、合肥、福州、郑州、平潭、北京、呼和浩特、沈阳、长春、哈尔滨、南京、南昌、武汉、长沙、南宁、海口、贵阳、昆明、西安、兰州、厦门、唐山、无锡、威海、珠海、东莞、义乌等37个城市（地区）。

（三十二）本公告自2019年1月1日起施行，施行时间以海关接受《申报清单》申报时间为准，未尽事宜按海关有关规定办理。海关总署公告2016年第26号同时废止。

境内跨境电子商务企业已签订销售合同的，其跨境电子商务零售进口业务的开展可延长至2019年3月31日。

特此公告。

海关总署

2018年12月10日

十一、海关总署关于跨境电子商务企业海关注册登记管理有关事宜的公告

海关总署公告 2018 年第 219 号

为进一步规范海关跨境电子商务监管工作，根据《中华人民共和国海关报关单位注册登记管理规定》、《商务部 发展改革委 财政部 海关总署 税务总局 市场监管总局关于完善跨境电子商务零售进口监管有关工作的通知》（商财发〔2018〕486号）等相关规定，现将参与跨境电子商务的企业海关注册登记管理有关事项公告如下：

一、跨境电子商务支付企业、物流企业应当按照海关总署 2018 年第 194 号公告的规定取得相关资质证书，并按照主管部门相关规定，在办理海关注册登记手续时提交相关资质证书。

二、在本公告实施之日前，已办理海关注册登记或信息登记的跨境电子商务物流企业、或仅办理海关信息登记的参与跨境电子商务进口业务的平台企业、支付企业，应当于 2019 年 3 月 31 日前按照规定办

理海关注册登记或补充提交资质证书等手续。逾期未按规定办理的，其海关跨境电子商务企业信息不再有效。

本公告自 2019 年 1 月 1 日起施行，海关总署公告 2018 年第 27 号同时废止。

特此公告。

海关总署
2018 年 12 月 29 日

十二、财政部 海关总署 国家税务总局关于跨境电子商务零售进口税收政策的通知

财关税〔2016〕18号

各省、自治区、直辖市、计划单列市财政厅（局）、国家税务局，新疆生产建设兵团财务局，海关总署广东分署、各直属海关：

为营造公平竞争的市场环境，促进跨境电子商务零售进口健康发展，经国务院批准，现将跨境电子商务零售（企业对消费者，即B2C）进口税收政策有关事项通知如下：

一、跨境电子商务零售进口商品按照货物征收关税和进口环节增值税、消费税，购买跨境电子商务零售进口商品的个人作为纳税义务人，实际交易价格（包括货物零售价格、运费和保险费）作为完税价格，电子商务企业、电子商务交易平台企业或物流企业可作为代收代缴义务人。

二、跨境电子商务零售进口税收政策适用于从其他国家或地区进口的、《跨境电子商务零售进口商品

清单》范围内的以下商品：

（一）所有通过与海关联网的电子商务交易平台交易，能够实现交易、支付、物流电子信息"三单"比对的跨境电子商务零售进口商品；

（二）未通过与海关联网的电子商务交易平台交易，但快递、邮政企业能够统一提供交易、支付、物流等电子信息，并承诺承担相应法律责任进境的跨境电子商务零售进口商品。

不属于跨境电子商务零售进口的个人物品以及无法提供交易、支付、物流等电子信息的跨境电子商务零售进口商品，按现行规定执行。

三、跨境电子商务零售进口商品的单次交易限值为人民币2000元，个人年度交易限值为人民币20000元。在限值以内进口的跨境电子商务零售进口商品，关税税率暂设为0%；进口环节增值税、消费税取消免征税额，暂按法定应纳税额的70%征收。超过单次限值、累加后超过个人年度限值的单次交易，以及完税价格超过2000元限值的单个不可分割商品，均按照一般贸易方式全额征税。

四、跨境电子商务零售进口商品自海关放行之日起30日内退货的，可申请退税，并相应调整个人年度交易总额。

五、跨境电子商务零售进口商品购买人（订购人）的身份信息应进行认证；未进行认证的，购买人

（订购人）身份信息应与付款人一致。

六、《跨境电子商务零售进口商品清单》将由财政部商有关部门另行公布。

七、本通知自 2016 年 4 月 8 日起执行。

特此通知。

财政部 海关总署 国家税务总局

2016 年 3 月 24 日

十三、质检总局关于发布《跨境电子商务经营主体和商品备案管理工作规范》的公告

2015 年第 137 号

为落实国务院关于促进跨境电子商务健康快速发展的有关要求，支持跨境电子商务健康规范发展，质检总局制定了《跨境电子商务经营主体和商品备案管理工作规范》，现予发布（见附件），自 2016 年 1 月 1 日起执行。

附件：跨境电子商务经营主体和商品备案管理工作规范

质检总局

2015 年 11 月 24 日

附件

跨境电子商务经营主体和商品备案管理工作规范

第一条 为支持跨境电子商务发展,规范跨境电子商务经营主体和商品信息备案管理,制定本规范。

第二条 本规范所称跨境电子商务经营主体,是指从事跨境电子商务业务的企业,包括跨境电子商务商品的经营企业、物流仓储企业、跨境电子商务交易平台运营企业和与跨境电子商务相关的企业。

本规范所称跨境电子商务商品,是指通过跨境电子商务交易平台销售的进出口商品。

第三条 跨境电子商务经营主体开展跨境电子商务业务的,应当向检验检疫机构提供经营主体备案信息。

跨境电子商务商品经营企业在商品首次上架销售前,应当向检验检疫机构提供商品备案信息。

第四条 跨境电子商务经营主体应通过信息平台向检验检疫机构备案信息。质检总局建设统一的跨境电子商务检验检疫监管系统管理备案信息。

地方政府建有跨境电子商务公共信息平台的,跨境电子商务经营主体应通过公共信息平台向检验检疫机构备案信息。

地方政府未建有跨境电子商务公共信息平台的,跨境电子商务经营主体应通过检验检疫机构认可的信息平台备案信息。

第五条 跨境电子商务经营主体和商品备案信息实施一地备案、全国共享管理。同一经营主体在备案地以外检验检疫机构辖区从事跨境电子商务业务的,无需再次备案。同一经营主体在备案地以外检验检疫机构辖区销售同一种跨境电子商务商品的,无需再次备案。

备案信息发生变化的,跨境电子商务经营主体应及时向检验检疫机构更新备案信息。

第六条 跨境电子商务经营主体应通过信息平台提供"跨境电子商务经营主体备案信息"(附1)。

第七条 跨境电子商务商品经营企业应通过信息平台提供"跨境电子商务商品备案信息"(附2)。

第八条 发现以下情形的,备案信息无效:

(一)提供虚假信息的;

(二)备案信息与跨境电子商务交易平台展示信息明显不符或存在严重缺陷的;

(三)提供禁止以跨境电子商务形式进境商品信息的。

第九条 以下商品禁止以跨境电子商务形式

进境：

（一）《中华人民共和国进出境动植物检疫法》规定的禁止进境物；

（二）未获得检验检疫准入的动植物产品及动植物源性食品；

（三）列入《危险化学品目录》《危险货物品名表》《〈联合国关于危险货物运输建议书规章范本〉附录三〈危险货物一览表〉》《易制毒化学品的分类和品种名录》和《中国严格限制进出口的有毒化学品目录》的物品；

（四）特殊物品（取得进口药品注册证书的生物制品除外）；

（五）含可能危及公共安全的核生化有害因子的产品；

（六）废旧物品；

（七）法律法规禁止进境的其他产品和国家质检总局公告禁止进境的产品。

以国际快递或邮寄方式进境的，还应符合《中华人民共和国禁止携带、邮寄进境的动植物及其产品名录》的要求。

第十条 本规范由国家质检总局负责解释。

第十一条 本规范自 2016 年 1 月 1 日起施行。

附 1

跨境电子商务经营主体备案信息

第 1 项 企业基本信息			
统一社会信用代码			
企业名称			
法人代表			
注册地址			
联系人		联系方式	
企业类型：□经营企业 □平台企业 □物流仓储企业 □其他相关企业			
第 2 项　主要商品类别			
第 3 项 平台名称及网址			
平台名称：		平台网址：	
第 4 项　质量诚信经营承诺书			
（另附）			

注：质量诚信经营承诺书参考格式见下页。

质量诚信经营承诺书（参考格式）

为保证跨境电子商务进出口商品质量安全，本企业郑重承诺：

一、自觉遵守检验检疫及商品质量安全、强制性产品认证相关法律法规，认真履行商品质量安全主体责任。

二、对经营的商品建立健全质量管理体系和信息安全管理体系，确保商品质量安全和商业信息安全。

三、建立对跨境电子商务商品的质量管控制度，包括质量安全评估制度、商品召回和主动报告制度、商品溯源管理制度、消费者权益保护制度等制度，提供有资质的检测机构出具的检测报告或者自我合格保证声明等质量证明文件。（跨境电子商务经营企业适用）

四、建立对平台入驻商家和销售商品的质量管理制度，包括质量安全评估和监测制度、质量问题投诉处理制度、消费者权益保护制度、企业和产品准入和退出机制等制度，落实前置约束、信息披露和首问负责等质量管理责任，从源头杜绝售假行为。（跨境电子商务平台企业适用）

五、保障消费者的知情权，将全部质量安全信息通过网站明示，对所销售商品质量标准与中国标准存在差异的商品，做出明确提示。在交易过程中就消费者个人自用承诺向消费者进行提示和要求确认，并保留相关记录。

六、不经营假冒伪劣商品和不得以跨境电子商务形式进境的商品。

七、按照检验检疫监管要求配备有关设备设施。

若违反检验检疫法律法规和本承诺，本企业自愿接受检验检疫部门按规定做出的相关处理，愿承担由此而引起的一切责任。

企业名称（公章）：

法人代表（签字）：

年　月　日

附 2

跨境电子商务商品备案信息

第 1 项　经营主体信息
企业备案号
第 2 项　基本信息
HS 编码： 产品名称： 生产国家/地区：
第 3 项　其他属性信息
品牌： 规格型号： 供应商： 其他：
第 4 项　资质证明信息
商品或生产企业取得的认证、注册、备案等资质： 商品取得的自由销售证明、第三方检验鉴定证书： 产品说明的中文对照资料： 消费警示： 其他可提供的证明材料：
第 5 项　是否符合我国法律法规和标准要求的申明

十四、农业部 国家质量监督检验检疫总局公告

第 1712 号

为防止动植物疫病及有害生物传入,保护我国农林牧渔业生产和公共卫生安全,根据《中华人民共和国进出境动植物检疫法》、《中华人民共和国动物防疫法》和《中华人民共和国种子法》规定,农业部和国家质量监督检验检疫总局组织修订了《中华人民共和国禁止携带、邮寄进境的动植物及其产品和其他检疫物名录》,现予以发布。名录自发布之日起生效,原发布的《中华人民共和国禁止携带、邮寄进境的动物、动物产品和其他检疫物名录》((1992)农(检疫)字第 12 号)同时废止。

农业部

国家质量监督检验检疫总局

2012 年 1 月 13 日

附件

中华人民共和国禁止携带、邮寄进境的动植物及其产品和其他检疫物名录[①]

一、动物及动物产品类

（一）活动物（犬、猫除外[②]），包括所有的哺乳动物、鸟类、鱼类、两栖类、爬行类、昆虫类和其他无脊椎动物，动物遗传物质。

（二）（生或熟）肉类（含脏器类）及其制品；水生动物产品。

（三）动物源性奶及奶制品，包括生奶、鲜奶、酸奶，动物源性的奶油、黄油、奶酪等奶类产品。

（四）蛋及其制品，包括鲜蛋、皮蛋、咸蛋、蛋液、蛋壳、蛋黄酱等蛋源产品。

（五）燕窝（罐头装燕窝除外）。

[①] 通过携带或邮寄方式进境的动植物及其产品和其他检疫物，经国家有关行政主管部门审批许可，并具有输出国家或地区官方机构出具的检疫证书，不受此名录的限制。

[②] 具有输出国家或地区官方机构出具的动物检疫证书和疫苗接种证书的犬、猫等宠物，每人仅限一只。

（六）油脂类，皮张、毛类，蹄、骨、角类及其制品。

（七）动物源性饲料（含肉粉、骨粉、鱼粉、乳清粉、血粉等单一饲料）、动物源性中药材、动物源性肥料。

二、植物及植物产品类

（八）新鲜水果、蔬菜。

（九）烟叶（不含烟丝）。

（十）种子（苗）、苗木及其他具有繁殖能力的植物材料。

（十一）有机栽培介质。

三、其他检疫物类

（十二）菌种、毒种等动植物病原体，害虫及其他有害生物，细胞、器官组织、血液及其制品等生物材料。

（十三）动物尸体、动物标本、动物源性废弃物。

（十四）土壤。

（十五）转基因生物材料。

（十六）国家禁止进境的其他动植物、动植物产品和其他检疫物。